Philosophy of Sport and Physical Education

はじめて学ぶ
体育・スポーツ哲学

髙橋 徹 編著

みらい

執筆者一覧

● 編　者

　髙橋　徹（たかはし　とおる）　岡山大学

● 執筆者（掲載順）

　髙橋　徹（たかはし　とおる）（前出）･････････････････ 第1章、第10章
　田中　愛（たなか　あい）　明星大学 ･･････････････････ 第2章
　髙橋　浩二（たかはし　こうじ）　長崎大学 ････････････ 第3章
　中澤　雄飛（なかざわ　ゆうひ）　帝京大学 ････････････ 第4章
　坂本　拓弥（さかもと　たくや）　筑波大学 ････････････ 第5章
　松田　太希（まつだ　たいき）　教育・スポーツ文化研究所 ･･･ 第6章
　佐藤　洋（さとう　よう）　明星大学 ･･････････････････ 第7章
　野上　玲子（のがみ　れいこ）　日本女子大学 ･･････････ 第8章
　松宮　智生（まつみや　ともき）　清和大学 ････････････ 第9章
　神野周太郎（じんの　しゅうたろう）　長崎国際大学 ････ 第11章
　長谷川　憲（はせがわ　けん）　明星大学 ･･････････････ 第12章

はじめに

　この本を手に取った読者のみなさんにとって、体育やスポーツはとても身近な存在だと思います。みなさんが小学校に入学して以来、中学校、高等学校と進学するなかでも、時間割表のどこかには必ず「体育」、もしくは「保健・体育」という言葉が載っていたはずです。また、スポーツについて考えてみても、毎朝毎晩のテレビのニュース番組を見れば、必ずといってよいほどスポーツコーナーがありますし、チャンネルを回せばいつでも簡単に野球やサッカー、テニスやゴルフなどのトップ選手のプレーを目にすることができます。あるいは、日頃から部活動やサークル活動などを通して、自分自身で身体を動かしながらスポーツに親しんでいる方も沢山いることでしょう。本書は、そのようなみなさんにとって馴染み深い体育やスポーツについて、「みる」ことや「する」ことだけではなく、体育やスポーツを「知る」こと、「学ぶ」こと、「考える」ことのひとつのきっかけを作りたいという思いで書かれています。

　さて、本書のタイトルは『はじめて学ぶ体育・スポーツ哲学』です。「はじめて」という言葉からもわかるように、本書は体育やスポーツを新たに学んでみたいという方に向けた入門書としての内容になっています。ただし、「体育・スポーツ哲学」という言葉は、多くのみなさんにとって聞き慣れない言葉かもしれません。ここでは、本書で学ぼうとしている「体育・スポーツ哲学」について簡単に紹介しておきましょう。

　「体育・スポーツ哲学」は、体育やスポーツを「哲学」という立場から論じる研究領域です。それは言うなれば、「体育とは何か？　スポーツとは何か？」という本質的な課題を問い続けながら、体育やスポーツの理想の姿を明らかにしようとする分野であるということができます。したがって、本書のなかでも、執筆者の一人ひとりがそれぞれの立場から「体育とは何か？　スポーツとは何か？」を考え、そこから導き出された体育やスポーツの姿をわかりやすく解説してくれています。

　本書を執筆したメンバーは、「日本体育・スポーツ哲学会」に所属する研究者が立ち上げた研究会、「体育・スポーツ原理研究会」で活動をともにする研究者たちです。日頃から学会大会や研究会はもちろんのこと、時にはプライベートの時間にも議論を交わしながら、「よりよい体育とは何か？　よりよいスポーツとは何か？」をともに考えてきたことが本書の執筆につながっています。しかし、同じ領域を専攻していても、それぞれの執筆者ごとに興味や関心が異なるため、体育やスポーツを考えるうえでのアプローチの仕方も少しずつ異なっています。したがって、本書の各章のタイトルにもなっている「身体教育」「運動指導」「体育・スポーツ指導者」

「オリンピック」「スポーツのルール」などの各トピックスは、それぞれの執筆者が関心を持って研究に取り組んでいる内容ということになります。

なお、本書は体育やスポーツを学ぶうえでの入門書ではありますが、体育やスポーツを専攻する学部・学科や、教員養成課程のある学部・学科で開講されている「体育原理（別名：体育哲学、スポーツ原理、スポーツ哲学、体育・スポーツ原論など）」の授業で使用するテキストを意識した内容になっています。ですが、もちろんそれ以外の目的で読んでいただいても十分に楽しめる内容です。

本書は、第1部の基礎理論と第2部の応用理論とをあわせ、全12章から構成されています。第1章～第6章までの第1部は、体育とスポーツを学ぶうえでぜひとも知っておいて欲しい基礎・基本を取り扱った内容になっています。第7章～第12章までの第2部は、より発展的な内容として、具体的なスポーツの事例を数多く取り上げながら議論を進めています。また、第1部、第2部とも各章のはじめに「Key-point（キーポイント）」、章末には「Column（コラム）」を載せていますので、そちらも本文を読み進めるうえでの手掛かりとして、ぜひ目を通していただきたいと思います。なお、各章の内容は少しずつ関連していますが、基本的にはそれぞれが独立した内容になっているので、どこから読み始めていただいても構いません。

読者のみなさんが思い思いにこの本を読み進めるなかで、体育とスポーツについての学びを深め、体育とスポーツの理想の姿を考えるきっかけを見つけ出してほしいと思います。

最後になりますが、編著者からの企画提案を快く受け入れ、お忙しいスケジュールの合間を縫って筆を進めていただいた執筆者の先生方には、心より感謝申し上げる次第です。また、本書の出版を打診していただいた株式会社みらい企画課の稲葉高士様、企画段階から出版までを丁寧に導いて下さった同社企画編集課の吉村寿夫様には大変お世話になりました。執筆者を代表して改めてお礼を申し上げます。

2018年1月

編著者　髙橋　徹

もくじ

はじめに

第1部　体育とスポーツを学ぶうえでの基礎理論

第1章　体育とスポーツ

- **1 スポーツとは何か** ……………………………………………… 12
  - 1　スポーツという言葉の語源　*12*
  - 2　スポーツの定義と特徴　*13*
  - 3　スポーツとは何か　*15*
- **2 体育とは何か** …………………………………………………… 16
  - 1　体育という言葉の語源　*16*
  - 2　体育の定義　*17*
  - 3　体育の構成要素　*18*
- **3 教科としての体育の成り立ち** ………………………………… 20
  - 1　教科名称の変遷　*20*
  - 2　学習指導要領の変遷　*21*
  - 3　体育理念の変遷　*22*
- Column　スポーツに夢中なる理由を考えてみよう　*25*

第2章　身体教育という考え方

- **1 身体教育の身体とは** …………………………………………… 26
  - 1　身体を理解する　*26*
  - 2　「身体」のとらえ方　*28*
- **2 身体教育に必要な視点** ………………………………………… 29
  - 1　「身体を育てる」／「身体が育つ」　*29*
  - 2　身体教育の実践　*31*
- **3 身体教育の現在〈いま〉** ……………………………………… 33
  - 1　教材としてのスポーツ　*33*
  - 2　身体教育としてのスポーツの可能性　*34*
  - 3　〈できる〉に出会う体育を目指して　*35*
- Column　「できない」を楽しむ力　*37*

第3章　「運動を指導する」ための考え方

1　運動実践とは何か ・・・ 38
1　スポーツと運動の差異と区別の難しさ　39
2　人間が運動を実践するということ　40
3　人間の運動実践の独自性　41

2　運動実践と運動習得 ・・ 42
1　運動習得における「翻訳」　42
2　運動習得と「実践の中の知」　43
3　運動実践と「身体の相互作用」　44

3　運動実践と運動指導 ・・ 45
1　運動指導における身体の見方　45
2　指導者と実践者の共通基盤となる「実践の中の知」　46
3　情報伝達を基にした運動指導からの変換　47

Column　運動実践のための「事象そのものへ」　50

第4章　身体文化教育という考え方

1　身体に根づく文化 ・・ 51
1　身体文化と身体技法　51
2　身体文化と教育　52

2　芸道にみる身体の学習論 ・・ 54
1　身体への文化伝承　54
2　身体の模倣と学び　56

3　教養としての身体文化 ・・ 57
1　「教養」への着目　57
2　教養としての身体　59

Column　身体を育み、心の花を咲かせよう　62

第5章　体育・スポーツ指導者

1　体育教師とは何をする人？ ・・・・・・・・・・・・・・・・・・・・・・・・・・・・・・・・・・・・・・・ 63
1　体育教師像の今と昔　63
2　体育教師はスポーツを教えることが仕事なのか　65
3　体育教師の専門性を考える　66

2　運動部活動の指導者論 ・・ 68
1　教育とスポーツのあいだ　68
2　なぜ勝ちたいのか？　69

3　指導者に求められるインテグリティ　70
　3　体育・スポーツ指導者の身体を育てる ……………………… 72
　　　1　なぜ、身体なのか　72
　　　2　身体としての体育・スポーツ指導者　73
　Column　普通の毎日こそが面白い!?　76

第6章　スポーツ指導の問題性

　1　体罰・暴力問題を考える ……………………………………… 77
　　　1　考え方の作法　77
　　　2　「言語分析」という方法　78
　　　3　体罰・暴力のメカニズム　80
　2　体罰・暴力問題の解決に向けて ……………………………… 82
　　　1　体罰・暴力問題の解決にはスポーツ科学を？　82
　　　2　スポーツ指導の本質を考える　83
　3　スポーツ指導のあり方を考える ……………………………… 87
　　　1　現象学的運動学の可能性　87
　　　2　体罰・暴力問題から考えられるスポーツ指導のあり方　89
　Column　悲観でもなく楽観でもなく、日々、新たな実践へ向かって　91

第2部　体育とスポーツを深く知るための応用理論

第7章　競技者の世界と理想の姿

　1　競技者という存在について …………………………………… 94
　　　1　競技者とスポーツ愛好者　94
　　　2　競技者が直面する困難　96
　2　競技者を競技生活に惹きつけるもの ………………………… 98
　　　1　競技者が獲得する卓越について　98
　　　2　「競技者としての卓越（善さ）」と「徳（virtue）」　99
　3　競技者にみる理想の姿 ………………………………………… 100
　　　1　アリストテレスの徳論と競技者論　100
　　　2　三浦知良選手にみる「有徳な競技者」論　103
　Column　アリストテレスの「友愛」論　106

第8章　オリンピックと世界平和

1 オリンピックにおける平和思想と平和運動 ……………………… 107
1. 「オリンピズム」とは何か　*107*
2. 古代オリンピックから生まれた平和思想　*109*
3. クーベルタンの平和思想　*110*
4. 「オリンピック休戦」とその実相　*111*

2 「平和」を揺るがす近代オリンピックの弊害 ……………………… 112
1. 戦争による弊害　*112*
2. 国威発揚として利用されたオリンピック　*114*
3. テロ対策に追われる戦後のオリンピック　*115*

3 世界平和に貢献するオリンピックの役割とは ……………………… 115
1. 近代オリンピックにおける「平和」思想遂行の限界　*115*
2. 友好を促進する大会に向けて　*116*

Column　オリンピックをアフリカ大陸で　*118*

第9章　スポーツのルールを考える

1 面白さをデザインするルール ……………………… 119
1. スポーツにおけるルールの本質的機能：面白さの保障　*119*
2. ルールのシステム：スポーツのなかにある意味のつながり　*120*
3. ルールに向き合うスタンス　*122*

2 プレーするためのルール ……………………… 124
1. 競技の本質と安全　*124*
2. 野球におけるコリジョンルール　*125*
3. スポーツの文脈における危険と過剰な危険　*126*

3 ルールとペナルティ ……………………… 126
1. 正当な利益の回復・補償と不当な不利益の予防　*126*
2. なぜルールを守らなければいけないのか　*127*

4 参加条件を定めるルール ……………………… 128
1. 性別二元制にかかわるルール：性別確認検査　*128*
2. トランスジェンダーの参加資格　*129*

Column　ルールが沈黙しているとき　*131*

第10章　スポーツにおける美しさを考える

1　スポーツと美しさ ……………………………………………………… 132
　1　美しさの観点からみたスポーツ　132
　2　美しさとは何か？　133
　3　スポーツを見たときに感じる美しさの区分　135

2　スポーツと芸術 ………………………………………………………… 136
　1　芸術性を競い合うスポーツ　137
　2　芸術とは何か？　137
　3　スポーツと芸術の関係　139
　4　スポーツ・美・芸術の考え方　141

　Column　スポーツを見るということ　144

第11章　コミュニティとスポーツをめぐる諸問題

1　コミュニティとスポーツ ……………………………………………… 145
　1　コミュニティとは何か　145
　2　現代社会におけるスポーツの考え方　147
　3　コミュニティづくりにおけるスポーツの位置づけ　148

2　コミュニティとスポーツの現状と課題 ……………………………… 150
　1　子どものスポーツ環境をめぐって　150
　2　大人のスポーツ環境をめぐって　151
　3　スポーツ環境の整備方策などが抱える問題点　152

3　コミュニティづくりにおけるスポーツの可能性 …………………… 153
　1　なぜコミュニティが必要なのか　153
　2　生涯学習とスポーツ　155
　3　コミュニティの活性化をもたらすスポーツ　155

　Column　活動のコミュニティ　157

第12章　スポーツと人間との良好な関係を考える

1　スポーツがもつ功罪 …………………………………………………… 158
　1　スポーツと人間との関係　158
　2　スポーツにおける諸問題　159
　3　スポーツの諸問題における「人間らしさ」の否定　161

2　スポーツとの良好な関係が崩れてしまう要因 ……………………… 162
　1　自己を見失うようなスポーツとの付き合い方　162
　2　人間によるスポーツの操作　164

3 スポーツとの良好な関係づくりに向けて ……………………… 166
    1　自らの意志によるスポーツへのかかわり　166
    2　選手と指導者の関係性　167
    3　スポーツに対するニュートラルな態度　168
Column　スポーツで自己を実現するということ　170

索引　171

第 1 部

体育とスポーツを学ぶうえでの基礎理論

第1章 体育とスポーツ

> **key point**
>
> 　第1章は、本書を読み進めるうえでのキーワードである「体育」と「スポーツ」という2つの言葉に焦点を当てた内容になっています。本章の学びのポイントは以下の3点です。
> ①「体育」と「スポーツ」それぞれの言葉の語源や成り立ちを理解しよう。
> ②「体育」と「スポーツ」それぞれの定義を知ろう。
> ③教科としての体育の成り立ちを教科名称や学習指導要領の変遷から理解しよう。

1 ── スポーツとは何か

1. スポーツという言葉の語源

(1) 「スポーツ」と「sport」の語源

　「スポーツ」という言葉が日本において一般的に使われるようになったのは大正時代以降といわれている[1]。明治時代の初め、すでにベースボールやフットボールなどの西洋のスポーツ種目は日本に移入されていたが、それらは当初、「スポーツ」と呼ばれることはなく「遊戯」、あるいは「運動」と呼ばれていた。その後、大正時代にはいると、英語の「sport」を直接的に日本語読みした「スポーツ」「スポート」「スポオツ」などのカタカナ表記が使われ始め、次第に「スポーツ」という言葉が普及していったのである[2]。

　一方で、「スポーツ」とカタカナ表記される「sport」という言葉にもその語源が存在する。一般的に、「sport」の語源は古代ローマ時代のラテン語「deportare」（運ぶ、運び去る）に由来するとされる。その原義である「運ぶ、運び去る」は、「ある状態からほかの状態への転換」をも意味し、ここから「気分転換をする」あるいは「気晴らしをする」という意味に変化を遂げたのである。その後、「deportare」は古代フランス語の「deporter」「desporter」に引き継がれ、古代フランス語から中世英語の「deport」「dessport」へと伝えられた後、「sport」という言葉が使われるようになったのである[3]。

(2) スポーツの語源的解釈と近代的解釈

　スポーツを語源から解釈するならば、それは仕事などの真面目なことを忘れ、日常を離れて何かに没頭するなかで、気晴らしをすることや遊び戯れることを意味していた[4]。つまり、冗談を言うことや歌を歌うこと、劇や踊り、チェスやトランプなどで遊ぶことまでもがスポーツとしてとらえられていたのである[5]。

　しかし、今現在、スポーツという言葉を聞いて歌を歌うことやトランプで遊ぶことをイメージするだろうか？　おそらく多くの人にとって、そうした活動はスポーツとは異なる活動としてとらえるのが一般的だろう。すなわち、スポーツという言葉のとらえ方は時代とともに変化してきているのである。

　さて、時代とともに言葉のもつその意味が変化するというスポーツの特徴をふまえて、現在のスポーツのとらえ方と語源的な意味でのスポーツのとらえ方は区別して考えることが望ましいとする議論がある。それは、スポーツという言葉の意味をその語源にまで立ち返って考察することと、競争的な身体的活動の側面が強調された現在のスポーツについて考察することとを区別すべきという主張であり、前者はスポーツの語源的解釈、後者はスポーツの近代的解釈と呼ばれている[6]。つまり、語源的解釈にしたがえば極めて広い範囲でスポーツをとらえることができる一方で、それとは反対に近代的解釈にしたがえば競技種目としてのみとらえることもできるのである。このスポーツの語源的解釈と近代的解釈という考え方は、スポーツの意味を理解するうえでとても重要な観点である。

2．スポーツの定義と特徴

　ここでは、スポーツの定義のなかでも代表的な3つの議論を紹介する。

(1) ジレによるスポーツの定義

　フランスのスポーツ研究者であるジレ（B. Gillet）が示したスポーツの定義は、数多く存在する定義のなかでも代表的なもののひとつである。

　　一つの運動をスポーツとして認めるために、われわれは三つの要素、即ち、遊戯、闘争、およびはげしい肉体活動を要求する[7]。

　つまりジレは、スポーツが本来的にもつ気晴らしや遊びなどの「遊戯」の性格とあわせて、「闘争」と「はげしい肉体活動」を追加したのである。なお、

この「闘争」は、対戦相手との闘いだけでなく、時間や距離、自然環境、自分自身との闘いをも意味している。また、スポーツでは「はげしい肉体活動」が求められるために、ほかの遊戯的活動からは区別されるというのがジレの主張である。

(2) マッキントッシュによるスポーツの語源的解釈

イギリスのスポーツ研究者マッキントッシュ（P. C. McIntosh）は、スポーツが多くの点で人間の生活に影響を与えていることから、それを定義づけることは困難であると釈明したうえで、言葉の語源からスポーツを解釈している。

> フランス語の語源では、人生の悲しいあるいは深刻な面からのどのような気分転換をもスポーツと呼んでいる。それは山に登ることから恋をすることまでの、また自動車競走から悪ふざけをすることまでの活動を一切網羅している。名詞としてのスポーツという語は、男、女、ゲーム、気晴らし、狩猟（chaseおよびhunt）、闘争、冗談、あるいはまた植物の変種すら指している[8]。

さて、このマッキントッシュの指摘を引き合いに出しながら、ジレのスポーツの定義に対する問題点を指摘する議論もある[9]。そこでは、ジレが示した3つの要素は19世紀以降のスポーツの特徴であり、それ以前の楽しみや遊びを中心とするスポーツの定義とは異なることが指摘されている。

このような指摘が存在する以上、先に紹介したジレのスポーツの定義は完全な真理とは言い難いが、スポーツとは何かを考えるうえでの重要な指標であることは間違いない。つまり、ジレの定義は、スポーツの語源的解釈と近代的解釈の考え方に当てはめた場合の近代的解釈としての定義なのであり、反対にマッキントッシュの指摘は語源的解釈の立場からのものなのである。このようにスポーツを考える際には、解釈の立場を区別してとらえることが重要になるのである。そして、スポーツという言葉のとらえ方が時代とともに変化を遂げているという状況を鑑みるならば、どのようなスポーツの定義であっても、いずれは改訂される可能性を含むものであると認識しておくべきだろう。

(3) グートマンが示した近代スポーツの特徴

アメリカのスポーツ史研究者であるグートマン（A. Guttmann）もまた、

図1－1　スポーツの特徴

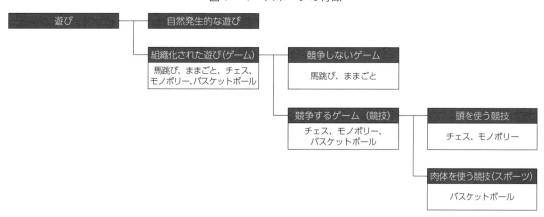

出典：アレン・グートマン（清水哲男訳）（1981）『スポーツと現代アメリカ』ＴＢＳブリタニカ　p.19より著者作成

スポーツを定義するうえで遊びを切り口に議論を進めるが、彼は「遊び」「ゲーム」「競技」「スポーツ」という4つの要素の関係性を明確に規定することで、スポーツの特徴を明らかにしている[10]（図1－1）。

グートマンの議論をまとめるならば、スポーツは肉体を用いながら競争する組織化された遊びという特徴をもっていることになる。このスポーツの特徴は、語源的解釈によってとらえられるようなスポーツとは異なり、まさに近代以降の時代のスポーツの特徴を端的にとらえたものである。

3．スポーツとは何か

ジレ、マッキントッシュ、グートマンの議論を総括するならば、スポーツとは、美学者・教育学者の樋口聡が示すように、「日常とは異なる意味連関をもつ特殊な情況のなかで（遊戯性）、人為的な規則にもとづき（組織性）、他人との競争や自然との対決を含んだ（競争性）、身体的活動（身体性）」であると定義することができる[11]。それはすなわち、遊戯性、組織性、競争性、身体性の4つの構成要素を備えた活動がスポーツであるということを意味している[12]。

この4つの構成要素のうち遊戯性とは、スポーツが日常生活とは異なる非日常の時間、空間のなかで行われる活動を意味している。組織性とは、制度性とも表現できるものであり、スポーツが成立するためにはルールの明確性や絶対性によって支えられなければならないことを意味している。3つ目の競争性は、スポーツでは必然的に競い合いが生じることを意味している。なお、この競争には人と人、チームとチーム、人やチームと自然といった競争

のかたちも含まれる。最後の身体性とは、スポーツには身体的に熟練することや卓越した技能を身につけるという性質がともなっていることを意味している。それは、スポーツを語源的に解釈した際にその範疇に含まれてくるチェスやトランプと近代スポーツとを区別するための基準でもある。

この遊戯性、組織性、競争性、身体性というスポーツの4つの構成要素は、スポーツとほかの活動領域との区別を鮮明にするうえでの観点にもなる。つまり、この4つの要素を備えた活動こそがスポーツとして認められる活動なのである。

ここまでの議論をまとめるならば、今現在、私たちがスポーツという言葉を聞いてイメージするのは近代的解釈によるスポーツであり、それは遊戯性、組織性、競争性、身体性の4つの構成要素を備えた活動ということができる。そして、それは語源的解釈によるスポーツの姿とは区別されるものである。

2 ── 体育とは何か

1．体育という言葉の語源

「体育」という日本語は、「physical education」という英語から翻訳された言葉として誕生した。明治時代の初めに「physical education」という言葉が日本に移入され、当初はそれが「身体教育」と翻訳されたものの、後に「身体教育」の「体」と「育」をとって作られた「体育」という言葉が一般化し普及したのである[13]。なお、その頃には、身体にかかわる教育を表す言葉として「体育」以外にもいくつかの言葉が使われており、「養生の法」「身体教育」「身教」「体教」「体の教育」「育体」「体躯の教育」などの用語を経て、結局は「体育」が定着したのである[14]。今でこそ、主に学校の教科名称として使用されている「体育」という言葉[*1]であるが、それが生み出された当初は単なる教科名ではなく、身体を教育するというより大きな目的を達成する営みを指し示す言葉だったのである[15]。

「体育」の語源である「physical education」という言葉は、イギリスの社会学者であるスペンサー（H. Spencer）が唱えた「三育思想」の一領域がその原型だといわれている[16]。「三育思想」とは「知育・徳育・体育」を指し示す言葉であり、1860年にスペンサーが出版した著書のタイトル『Education；Intellectual, Moral, and Physical』からもうかがえるように、それは教育を知識の教育、心の教育、身体の教育の3つの観点からとらえる

*1
第2節以降では、たびたび「体育」という言葉を使用するが、特に説明がない限りにおいてそれは学校の教科としての体育を指し示している。

という考え方である。このスペンサーの著書は、1880（明治13）年に日本においても翻訳されたものが出版され、「知・徳・体」という三育の考え方もその当時から日本の教育に影響を与えていたのである[17]。

2．体育の定義

(1) 体育を定義する試み

「体育」という言葉の本来の意味が学校の教科名に限定されたものではなく、身体教育の営み全般を指し示す言葉であるという背景もあり、「体育とは何か？」に対する答えは極めて多義的であって、定義する人ごとにそれぞれ違うかたちで定義される。しかし、多様な体育の定義のなかにあっても、互いに共有された前提事項もある。それはすなわち、体育とスポーツの関係を考えたときに、体育にとってスポーツはあくまでも手段であり媒体であって、スポーツをすることが直ちに体育へとつながるわけではないという点である[18]。

戦後日本の体育研究の第一人者であり、アメリカ式の新体育*2に精通した前川峯雄は、ニクソン（E. W. Nixon）、カズンズ（F. W. Cozens）、ウィリアムズ（J. F. Williams）といったアメリカの代表的な体育研究者らの体育の定義、およびそのほかの欧米研究者の定義も検討しつつ、そこでは体育が「身体活動」または「身体運動」を媒介とする教育としてとらえられていることを明らかにした。そしてそのうえで、体育とは「身体活動を通して（手段として、媒介としてというのは同じものとみることができよう）行なわれる教育である」[19]と定義している。

この前川の定義が意味するのは、体育は教育の一形式であるため、少なくとも目指すべき目的・目標があり、その目的・目標を達成するために身体や身体運動を用いるということである。つまり、前川に倣うならば、「体育とは身体活動を通した教育である」と定義することができるのである。

(2) 体育の定義の理解を深める

「体育は身体活動を通した教育である」という定義は、体育を考えるうえでの重要な指標である。しかし、この定義をより理解するためには、体育において目的・目標を達成するために用いられる「身体活動」の意味を理解する必要がある。結論を先に述べるならば、「身体活動＝スポーツ」を意味するものではなく、それはスポーツよりもさらに広い意味を含む言葉である。

先に紹介した前川によれば、身体活動とは一般的にいわれているところの

*2 **新体育**
新体育とは、アメリカの教育学者・哲学者であるデューイ（J. Dewey）らによって20世紀初頭に展開された新教育運動の影響を受けて登場した体育である。そこでは、従来の教師中心の受容的な学習から児童中心の能動的で自主的な学習への変革が目指され、学習者を民主主義社会に適合するための教育が展開された。

身体運動であって、そこには遊戯のような自由な運動、さらには体操、競技、球技、格技、舞踊などが含まれるのだとされる[20]。それはいわば、人間が身体を動かすことのほぼすべてを包括する言葉であるともいえる。したがって、体育ではその目的に応じてさまざまな身体活動が用いられうるのであり、原理的に考えればスポーツを用いなくとも構わないのである[21]。

「体育とは身体活動を通した教育である」という定義において、そこで用いる「身体活動」とは、スポーツに限らず人間が身体を動かすこと全般を包括する言葉なのである（図1－2）。「体育とは身体活動を通した教育である」、これが「体育とは何か？」に対するひとつの答えである。

図1－2　身体活動・スポーツの関係性

3．体育の構成要素

「体育とは身体活動を通した教育である」という定義からも明らかなように、体育にとって身体活動は目的・目標を達成するための手段として位置づけられている。それはつまり、身体活動は体育を構成するひとつの構成要素に過ぎないということを意味している。そこで体育をより精緻に理解するために、身体活動以外の構成要素にも目を向けてみたい。ここでは体育哲学者の佐藤臣彦が示した関係概念としての体育の定義を基にしつつ、体育の構成要素を考えてみたい。

佐藤は「体育」を考える前段階として「教育」について考察し、「教育」が人と人とのかかわりにおいて立ち現れるという「関係概念」として存在していることを明らかにした[22]。つまり、「教育」は「関係」を本質としており、何かそれ自体で存立するような「実体概念」ではないということである。そしてそれは体育も同様であり、体育もまた関係概念としてとらえることができるのだとしたうえで、次のような関数的定義を示している[23]。

$$PE = f(a, b, c \mid P)$$
PE：体育, a：作用項, b：被作用項, c：媒体項, P：目的・目標, ｜：条件

　この式は、PE（体育）がP（目標）という条件に方向づけられながら、a（作用項）がb（被作用項）にc（媒体項）を通して働きかけるf（機能）であるということを意味している。そして、体育においては、a（作用項）が体育教師であり、b（被作用項）が児童や生徒、c（媒体項）が教材＝身体活動を指し示している。すなわち、佐藤の関数定義に倣うならば、体育とは設定された目標に方向づけられながら、体育教師が児童・生徒に対し身体活動を教材として働きかける機能であると理解することができるのである。
　この佐藤が示した関数式は、体育の構成要素を表す式としてみることもできる。つまり、体育とは「身体活動を媒体とした教育」であり、なおかつ「体育教師」「児童・生徒」「教材（身体活動）」、そして「目標」という4つの要素から構成される教育的活動なのである。

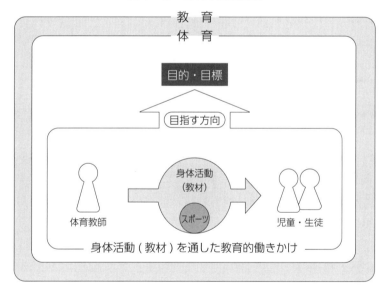

図1-3　体育の構成要素

3 ── 教科としての体育の成り立ち

　前述の通り、「体育」という言葉は、「physical education」という英語から翻訳された「身体教育」が短く省略された言葉として生まれた。したがって、当初その言葉は教科名ではなく身体の教育というより大きな目的を達成する営みを指し示すものであった。しかし、学校における教科名称として「体育」が採用されて以降は、その言葉は学校教育のなかの一領域を表す言葉としてとらえられるのが一般的になってきた。私たちにとって「体育」という言葉を聞いてイメージするのは、「学校の体育の授業」なのである。
　そこで本節では、学校の教科としての「体育」に焦点化し、その成り立ちをみていきたい。

1．教科名称の変遷

　学校教育のなかの一領域として教科名に「体育」という名称が採用されたのは、1947（昭和22）年のことである。しかし、それ以前に体育のような教科が存在しなかったわけではなく、そこでは現在とは異なる名称が使用されていた。
　日本における教科としての体育の始まりは、1872（明治5）年の学制発布によって「体操」という教科が採用されたことがきっかけである。この「体操」という教科名はその後、1941（昭和16）年までの長い期間使用されたが、明治期の当初は保健的思想の普及・展開を背景にしつつ、この名称がつけられたようである。しかし、次第に政府が掲げた富国強兵の気運が高まるにつれて、その軍事的要請に応えるかたちで、単なる体操に替わり兵式体操と呼ばれる軍事予備教育的な内容の体操が導入され、1941年の国民学校令の発布とともに「体錬科」へと名称が変更されたのである。この「体錬科」では、身体の鍛錬と精神の練磨が目標とされ、男女を問わず武道が課せられるなどの特徴がみられた。
　その後、第二次世界大戦終結から2年後の1947（昭和22）年に日本の体育は大きな変化を遂げる。終戦を機に日本が民主国家の形成を目指して再出発するなかで、「体錬科」に替わり「体育」が教科名称として採用されることになった。もちろんそこでは、それまでの軍事的訓練と関連をもつような内容の排除が目指されたことは言うまでもない。この戦後の教科名称の変更以降、「体育」という教科名は現在まで使用されているのである。

2．学習指導要領の変遷

　日本における教科としての体育の成り立ちを把握するうえで、「学習指導要領」（以下、指導要領）もまたとても重要な位置づけにある。指導要領とは、学校における教育課程の基準であるとともに、評価の観点や評価規準の基準でもあり、学校で展開される教育内容や教育実践を規定するものである[24]。たとえば、2017（平成29）年3月に告示された最新の指導要領である「中学校学習指導要領」では、保健体育の目標が次のように示されている。

　体育や保健の見方・考え方を働かせ、課題を発見し、合理的な解決に向けた学習過程を通して、心と体を一体として捉え、生涯にわたって心身の健康を保持増進し豊かなスポーツライフを実現するための資質・能力を（中略）育成することを目指す[25]。

表1－1　学習指導要領の改訂（告示）年表

改訂年（告示年）	名称	学校区分
1947年（昭和22年）	学校体育指導要綱	小・中・高
1949年（昭和24年）	学習指導要領小学校体育編	小
1951年（昭和26年）	学習指導要領保健体育科体育編	中・高
1953年（昭和28年）	学習指導要領体育科編	小
1956年（昭和31年）	学習指導要領保健体育科編	高
1958年（昭和33年）	小学校学習指導要領・中学校学習指導要領	小・中
1960年（昭和35年）	高等学校学習指導要領	高
1968年（昭和43年）	小学校学習指導要領	小
1969年（昭和44年）	中学校学習指導要領	中
1970年（昭和45年）	高等学校学習指導要領	高
1977年（昭和52年）	小学校学習指導要領・中学校学習指導要領	小・中
1978年（昭和53年）	高等学校学習指導要領	高
1989年（平成元年）	小学校学習指導要領・中学校学習指導要領・高等学校学習指導要領	小・中・高
1998年（平成10年）	小学校学習指導要領・中学校学習指導要領・高等学校学習指導要領	小・中・高
2008年（平成20年）	小学校学習指導要領・中学校学習指導要領	小・中
2009年（平成21年）	高等学校学習指導要領	高
2017年（平成29年）	小学校学習指導要領・中学校学習指導要領	小・中

出典：友添秀則（2009）『体育の人間形成論』大修館書店　p.71より著者作成

このように、指導要領には学校の体育の授業を通して児童・生徒たちに教える内容や、育成する事柄が示されている。なお、最初の指導要領は1947（昭和22）年に「学校体育指導要綱」として告示されたが、1949（同24）年に「学習指導要領小学校体育編」が告示されて以降は、およそ10年に１度の周期で改訂され続け、その時々の体育の授業をかたちづくってきたのである。

3．体育理念の変遷

　ここまで教科名称、および指導要領の変遷から体育の成り立ちをみてきたが、最後に体育理念の枠組みの変遷についても辿ってみたい。ここでいう体育理念とは、学校の体育の授業についての根本的な考え方を意味している。すなわち、時代時代の社会や国家、人々の体育への期待に応えるかたちで理念が形成され、その理念が学校における体育の位置や役割に対しても影響を与えてきたのである[26]。本項では、教科名称の変遷、指導要領の変遷、体育理念の変遷、以上の３点を総括したかたちで示していきたい。

　さて、体育理念の枠組みのとらえ方にもいくつかの立場があるが、そのなかでも代表的なものとして①「身体の教育」、②「スポーツによる教育」、そして③「スポーツの中の教育」という３つの枠組みがある[27]。なお、本節では「スポーツ」という表現を「身体活動」と改めるかたちで議論を進めてみたい。なぜなら、前節にて「体育とは身体活動を通した教育である」と定義した通り、体育ではスポーツだけでなく、スポーツを含む身体活動全般が教材として用いられるからである。

(1)　「身体の教育」の理念

　1872（明治５）年の学生発布から1945（昭和20）年の終戦までの間の体育理念は、「身体の教育」であった。この期間を教科名称に当てはめるならば、「体操」と「体錬科」の時期にあたる。つまり、当時の体育では国家的な軍国主義や殖産興業による富国強兵政策の要請に基づきながら、モノとしての身体の機能向上が目指されていたのである。

(2)　「身体活動（スポーツ）による教育」の理念

　「身体活動（スポーツ）による教育」とは、1945（昭和20）年の終戦から1970年代初めまでの時期、すなわち戦後の復興期から高度経済成長期の体育理念を表している。また、指導要領に照らして考えるならば、それは1947（同22）年の『学校体育指導要綱』の告示から1968（同43）年～1970（同45）年

の間に告示された指導要領の時期にあたる。

　この理念は、身体活動を通して民主的な人間形成を目指す立場として説明できる。戦後の学校教育では、戦時中の価値観を排除し、新たに民主的な価値観を育むなかで、民主的な人間形成を図ることが重要な課題とされた。したがって、この理念の登場は、体育が単なる「身体の教育」だけを担う科目ではなく、ほかの教科と同様に、民主的な人間形成という教育の一般目標を達成するための教科に位置づけられたことを意味していたのである。

⑶　「身体活動（スポーツ）の中の教育」の理念
　「身体活動（スポーツ）の中の教育」とは、1970年代以降、現在に至るまでの体育理念である。指導要領に照らして考えるならば、それは1977（昭和52）年と1978（同53）年に告示された指導要領から2017（平成29）年に告示された指導要領の時期にあたる。

　この時期、いわゆる先進諸国では余暇時間と所得の増大とともに、生活における身体活動の価値が高まり、スポーツや運動を健康のためだけではなく、生涯の楽しみとして享受すべきとする生涯スポーツの考え方が社会的に広がっていった。このような社会動向への対応から、体育においても、身体活動を何かのための手段として行うのではなく、身体活動を行うこと自体が目的として追求されるようになった。これが「身体活動の中の教育」の理念のもとでの大きな変化である。

　なお、それまでの理念のもとでは、「身体の教育」で身体機能の向上が、「身体活動（スポーツ）による教育」で民主的な人間形成が目指されていたように、身体活動（スポーツ）はあくまでも手段としての位置づけに過ぎなかった。それに対し、「身体活動（スポーツ）の中の教育」の理念のもとで、身体活動（スポーツ）を行うことそれ自体が目的となったことは体育理念にとっての大きな転換点であったといえる。

　さて、ここまでは時間軸に沿って「身体の教育」「身体活動（スポーツ）による教育」「身体活動（スポーツ）の中の教育」という日本の体育理念をみてきたが、先の時期にみられた理念が現在ではすでに消滅してしまったというわけではない。今日の体育に対する考え方には３つの理念が発展図式ではなく、互いに交錯するかたちで影響を与え合っているのである[28]。したがって、いずれの理念であっても今の体育をかたちづくっている重要な考え方として認識しておく必要があるのである。

【引用文献】

1）木下秀明（1971）『日本体育史研究序説：明治期における「体育」の概念形成に関する史的研究』不昧堂出版　p.259
2）久保正秋（2010）『体育・スポーツの哲学的見方』東海大学出版会　p.5
3）楠戸一彦（2013）『ドイツ中世スポーツ史研究入門』渓水社　p.58
4）大橋道雄編、服部豊示・阿部悟郎共著（2015）『体育哲学原論―体育・スポーツの理解に向けて―（修正第3版）』不昧堂出版　p.114
5）水野忠文・朝比奈一男・岸野雄三編著（1988）『保健体育スポーツ指導選書　スポーツの科学的原理』大修館書店　p.81
6）樋口聡（1987）『スポーツの美学：スポーツの美の哲学的探究』不昧堂出版　pp.17-18
7）ベルナール・ジレ（近藤等訳）（1952）『スポーツの歴史』白水社　p.17
8）マッキントッシュ（飯塚鉄雄・石川旦・竹田清彦訳）（1970）『スポーツと社会』不昧堂書店　p.18
9）友添秀則（2009）『体育の人間形成論』大修館書店　p.30
10）アレン・グートマン（清水哲男訳）（1981）『スポーツと現代アメリカ』ＴＢＳブリタニカ　pp.7-29
11）前掲書5）　p.31
12）近藤良享（2012）『スポーツ倫理』不昧堂出版　pp.25-26
13）樋口聡（2005）『身体教育の思想』勁草書房　p.iii
14）佐藤臣彦（1993）『身体教育を哲学する：体育哲学叙説』北樹出版　pp.48-49
15）前掲書9）　p.44
16）前掲書12）　p.22
17）ハルバルト・スペンセル（尺振八訳）（1880）『斯氏教育論』文部省
18）中村敏雄・高橋健夫編著（1987）『体育原理講義』大修館書店　p.5
19）前川峯雄（1970）『体育原理』大修館書店　p.72
20）同上書　pp.73-74
21）前掲書13）　p.6
22）前掲書14）　p.95
23）同上書　pp.215-218
24）前掲書9）　p.66
25）文部科学省（2017）「中学校学習指導要領」p.100
26）岡出美則・友添秀則・松田恵示・近藤智靖編（2015）『新版　体育科教育学の現在』創文企画　p.12
27）早稲田大学スポーツ科学学術院編（2011）『教養としてのスポーツ科学（改訂版）：アクティブ・ライフの創出を目指して』大修館書店　pp.113-115
28）友添秀則・岡出美則編著（2016）『教養としての体育原理（新版）：現代の体育・スポーツを考えるために』大修館書店　p.15

Column スポーツに夢中になる理由を考えてみよう

> すべてのカモメにとって、重要なのは飛ぶことではなく、食べることだった。だが、この風変わりなカモメ、ジョナサン・リヴィングストンにとって重要なのは、食べることよりも飛ぶことそれ自体だったのだ。
> リチャード・バック（1936〜）：アメリカ合衆国生まれの飛行家、作家

　この一文は、小説『かもめのジョナサン』の一節です。なぜ、体育とスポーツについての内容が書かれた本書のなかでこの一節を紹介するのかというと、ここに描かれた主人公ジョナサンの様子を通して、スポーツに熱中する私たち人間の姿を考えることができるからです。

　主人公のかもめジョナサンは、食事もろくにとらずに空を飛ぶことに夢中になります。そして、時には意識を失いながらも、死をも覚悟しながらも、少しでも速く上手に空を飛ぶための練習に明け暮れるのです。ジョナサンをそれほどまでに空に駆り立てる理由とは何なのでしょうか。「ぼくは自分が空でやれる事はなにか、やれない事はなにかってことを知りたいだけなんだ」とジョナサンは言います。

　私たちがスポーツに熱中する理由とは何でしょうか。ジョナサンが言うように、やれること、やれないことを知りたいだけなのかもしれません。人間もまた、かもめと同じように、ただ生きるだけなら速く走ることや物を遠くに投げることは必要ありません。でも、人間は少しでも速く走ろうと、少しでも遠くに物を投げようとしてその記録を伸ばしてきました。自分がやれることの限界を知りたいという欲求、それが人間をスポーツに駆り立てる原点なのかもしれません。

　しかし、このお話にはジョナサンが意識を失いながらも、死をも覚悟しながらも練習に明け暮れる様子も描かれています。実はこれと同じように、私たちがスポーツに取り組む際にも夢中になり過ぎるがあまりに、時には自分を傷つけながらも熱中してしまうことがあります。

　さて、みなさんはそのようなスポーツとの付き合い方をどのように考えるでしょうか。答えは人それぞれでしょうが、スポーツという言葉の本来の意味が「遊び」であることを考えるならば、自分を傷つけるほどに夢中になることは、スポーツの本来の姿からは少し外れていると考えることもできます。みなさんには、本書を通してスポーツについて学ぶことで、自分にとってのスポーツとのよりよい付き合い方なども見つけ出してほしいと思います。

第2章 身体教育という考え方

> **key point**
>
> 本章では、体育（身体教育）とは何かを考えるために、以下の3点を目標とします。
> ①身体教育において育てるべき「身体」について、そのとらえ方が多様であることを理解しよう。
> ②身体教育に必要となる視点として、生きて動き続けている「からだ」の側面について考えよう。特に、そのからだに生じている〈できる〉とはどういうことであるか具体的に考えてみよう。
> ③身体を育てるための、体育におけるスポーツの教材化について理解しよう。

1 —— 身体教育の身体とは

1．身体を理解する

(1) 身体とは

　体育の「体」の字がいったい何を示すのか、疑問に思ったことはないだろうか。「体」は、文字通りにとらえれば「体育」という科目で「育てる」べき対象を示しているようである。したがって、この「体」とは何かがとらえられていなければ、私たちは体育で「何を」育てなければならないのか、という大切な問題を見逃してしまう。

　なぜ、当たり前のわかりきった「体」をあらためて問う必要があるのか、ピンとこない方がいるかもしれない。「体」とは、いま目の前にあるこれ、皮膚に覆われ、筋肉、骨、血管、臓器、神経などから成る、この物体である。もしもそれで解決するなら、これ以上何も問う必要はないだろう。では、なぜあえて「体」を問うのだろうか？

　文部科学省が教育課程の基準を定めた「学習指導要領」、たとえば中学校の保健体育について定められた項では、「心と体を一体としてとらえ」という目標が掲げられている[1]。先ほど「この物体」と言ったはずの「体」を、目に見えないはずの「心」と一体のものとしてとらえるというのだ。相容れない2つをどのようにして一体ととらえるのか、無理があるのではないか、

そんな疑問さえ生じそうだ。

　しかし、実は日本人には、このことをすんなりと受け入れられる土壌がある。そのことを示すのが「身(み)」という日本語である。日本人は江戸時代まで「からだ」という言葉を使わずに「身」という言葉を使っていた。今でも日本語にはたくさんの「身」に関する表現が残っている。その場に居合わせその状況に入り込むことを「身を置く」といい、実際にやってみることを通して理解することを「身をもって知る」という。これらの表現をよく観察してみると、すべて「体」だけでなく「心」も合わせた「その人全体」を指して表現していることがわかる。日本人には、もともと「体」がこの物体（それのみ）である、という感覚よりも、「心身を明確に区別しない」[2] その人全体であるという感覚の方がフィットするようだ。

(2)　身体をめぐる今日的な問題

　ところが、私たちの生活は近代以降、急速に自動化され、その結果、私たちが体を使う機会は大幅に減少している。移動手段から洗濯、掃除に至るまですべて機械に任せられる時代と並行するように、「身」という言葉は日本人の感覚にフィットしなくなってきた。「アタマ」によって考えだされた便利な機械が、「身をもって」何かを成し遂げるという機会を私たちから奪い、「身」につけるべき力や技は減っていく。子どもたちだけでなく大人でさえも不器用な「体」のまま生活せざるをえない。

　さらに近年では、自分の体が他者にどう見られているか、についてのイメージが若者を苦しめている。それほど太ってもいないのに過度なダイエットを行い健康を害する例も見受けられる。美容や健康をテーマとした雑誌は書店でも定位置を占めているが、そのタイトルには、「理想のカラダになる方法」「カラダデザイン」「カラダの悩み」などのキャッチコピーが多用されている。これはメディアによって評価される表層の「からだ」であることは容易に想像できるかもしれない。「カラダ」と表記されるときに焦点化されているのは、モデルのような理想的な体型であるか、カメラに美しく映っているか、腹筋が割れているか、流行のファッションをまとっているかなど、生きて動いている側面とはおよそかけ離れた表層であり、通常の「体」という以上に「他者にどう見えているか」にこだわっているような側面である。

　「体」をどのようにとらえるのか。それは想像以上に人びとの生活や生き方を左右している。そうであれば、「身体教育」で育てようとする「体」が一体何なのかを理解することは、身体をめぐる今日的な問題に取り組むために必要不可欠となるだろう。

2.「身体」のとらえ方

(1) 身体観

「体」をどのようにとらえるか、という「見方」のことを「身体観」という。「身体」は、医学や科学の対象となる「肉体」と区別される言葉である。これは、「体」に先ほどの「身」が加わった言葉であり、生きて動いている「からだ」の側面を指す。体育では特に、「生きて動き続けている身体」という身体観が必要である。

前項では、「その人そのもの」を指す「身」という語を用いることによって、「体」が単なる物体であることを否定した。『〈身〉の構造』を著した市川浩は「われわれが主体的に生きている身体（主体身体）は、決して皮膚の内側に閉じ込められているわけではありません。皮膚の外まで拡がり、世界の事物と入り交っています」[3] と述べている。

しかし、いま私たちを取り囲んでいる「体育」で何を育てるべきなのか、という議論には、物体としての「肉体」や見栄えとしての「カラダ」という見方が主流を占めている現状がある。「健康を保つ」や「体力を高める」という目標が最もわかりやすい例だろう。「生きて動き続けている身体」という身体観は、その見えにくさ、わかり難さゆえに見過ごされがちなのである。

(2)「生きて動いている身体」

「肉体」としてのからだのとらえ方の例として、「初めての技に取り組む際に、一流選手の映像や写真を見ることで、『見て学んだ』気になる（が、当然のことながら実際にはまったく真似ができない）」という体験がある。確かに最新のスポーツ科学は、神技ともいうべき一流プレーヤーのフォームや体の動きを、物理学的に明らかにする。けれどもその知見は、今まさに新しい運動を覚えようとしている初心者にそのまま当てはまりはしない。体型、関節の柔らかさなど根本的な体の構造の違いに始まり、運動経験も、力の強さもまったく違い、初心者がその映像から、自らの運動学習に必要な情報を得ることができるわけではない。科学的実験から得られた心肺機能や筋力についての結果も同様に、起こってしまった「後のこと」は「その動いている間にどうなっているのか」さらには、「そのように動こうとしているときに何が起こっているのか」を教えてはくれない。

以上、批判的に挙げた体の見方を「肉体」の見方とするなら、この不足を補うためには、別な「身体」としての見方に立つ必要があることがわかる。まずは「からだ」を「部分の寄せ集めではなく、動いているそのままにとら

える」こと、「外側からの分析ではなく、動いている人の側からとらえる」ことにチャレンジしてみると、新しい見方ができるかもしれない。どれもこれも、「意識（脳）にコントロールされる肉体」という枠組みでは解決しない問題である。だからこそ、生きて、動きつづけている身体という視点をもって、できることなら動いている人の身になってとらえられることが、体育教師やスポーツ指導者には求められるのではないだろうか。

2 ── 身体教育に必要な視点

1．「身体を育てる」／「身体が育つ」

(1) 身体教育に必要な視点

　身体を人間が生きるベースとみなす哲学として、現象学が挙げられる。それでは、現象学的な身体のとらえ方とはどのようなものだろうか。哲学者であり、現象学を解説する木田元は次のように述べている。

　　知覚能力ないし運動能力のシステムとしてのわれわれの身体は、決して定立的意識によって対象ないし道具として扱われるようなものではなく、新しい意味の結節が生じてくる生きた意味作用の総体である[4]。

　単なる物体として空間の定位置を占めているような、モノとしての身体ではなく、熱さ、冷たさ、温かさを感じ、物を見、物に触れ、物にはたらきかけるひとつのシステムを木田は身体ととらえる。そして、この身体は、身の回りのさまざまな物事に「意味」を与えるはたらきそのものなのである。
　このことを示す具体例として、「赤ちゃんの育ち」に立ち返ってみよう。ひたすら寝てばかりの赤ちゃんにとって、ボールは球体ではなく、ただの平面の円でしかないという。実際にボールを手に取って転がし、裏側に回って確かめる、弾ませてみる、投げてみるというボールとのやりとりによって初めてその円は球体となり、赤ちゃん本人にとって「一緒に遊ぶボール」になる。そうなるまでには、たとえば一人で座れる、ものを掴めるなどの発達を待たねばならないようだ。
　ボールを手に取り、その立体的なかたちや重さに触れることによって「球体」としての見えていない部分を想像できること。生きた意味作用の総体とはつまり、円に「球体」という意味を与えられるようなはたらきのことなの

である。

(2) 子どもの育ち

　ボールを手に取り、かたちや重さに触れ、はたらきかけること、すなわち「動くこと」は、前項の「意味を与えるはたらき」を促していく。生まれたばかりの赤ちゃんは、最初は口に入ってきたものをゴクンと飲み込むという生命維持に一番大切なことから、物を掴む、寝返りをうつ、座る、這う、立つ、歩くなど、私たちが普段何気なく生活しているすべての場面で運動を覚えなければならず、毎日試行錯誤を繰り返す。そしてそれが面白くて仕方がないという様子である。その姿は、運動を覚えることが生きることそのものであることを示してくれる。

　また、次の段階では手に取ったものを口に入れて物のかたちを学び、振り回す、ぶつける、ひっぱる、たたく、やぶる、こわす、などのイタズラを通して、その「物」が何なのかを知り、また、身体にかかわるさまざまな能力を伸ばしている。たとえば、自己運動に起因する変化とそうでない変化を区別する能力がある[5]。つまり、自分が力を加えることによって目の前の物体が変化する、という因果関係を早いうちから学習し、理解する。自己運動に起因する刺激とそうでない刺激を区別し、さらにそれを無視できるようにならなければ、外界の重要な情報に注意を向けることができないため、この能力は身の安全を守るためにも、また運動発達にとっても非常に重要な能力となる。

　さらに2歳頃の幼児では、何をするにも「私がする」ということに固執する時期がある。2歳頃の子どもは誰しもが通る道であるといわれているが、少しでも大人が手を貸そうものなら、激しく怒ることもある。これはまさに「誰にも代わってもらうことのできない、私自身の動く感じ」の経験であり、このことによって子どもたちは「私はできる」を一つひとつ獲得していくのだ、ということは容易に想像できる。しかもここで重要なことは、この獲得は、単に何か物を扱うための「技術」の獲得ではなく、「私自身の動く感じ」「私自身がものにはたらきかけているこの感じ」の獲得である。以上のように、子どもは誰から教わり「育てられる」のではなく、「私が動く」ことによってようやく「育つ」ことができるのである。

(3) 生涯を通した育ち

　現象学の基礎を打ち立てたフッサール（E. Husserl）は、「Ich kann（私はできる）」という表現を多用する。これは、フッサールの著作を多数翻訳し

ている浜渦辰二によれば「『我思う（Ich denke）』との対比のなかで、『我』を身体的なあり方を含めて考えていることを表している」[6]とされる。人間が理性によって特徴づけられ、理性や思考が身体をコントロールしているという人間に対する見方を批判し、人間が生きるということは「Ich Kann」によっているのだ、とフッサールは考える。

しかし、ここでフッサールが述べる〈できる〉は、「逆上がりができる」というときに使う「できる」とは少し意味が違うようだ。この〈できる〉は、フッサールによれば、「統一体としての自我は《私はできる》の一つの体系である」[7]とされる。すなわち、次に何をするか、何をしようとするのか、という意志として、私がその場で何を感じ何に気がつくかに影響を及ぼしたり、私の運動感覚を導いたりするのが〈できる〉なのである。言いかえるなら、この〈できる〉は他人から見て何らかのかたちで確認されるものではなく、本人にしかもちえない感覚であり、さらに言うならその人の活動、その人がそこにいて活動していること自体が〈能力〉＝わたしは〈できる〉である。

そうであれば、人は生きている限り、いつもいろいろなことが「できるようになっていく途上にある」とは言えないだろうか。大人になっても新たな運動を覚え、技術を磨くことができる。このことは読者の皆さんも、さまざまな体育実技で体験済みであろう。身体は、生涯を通して育つ力をもっているのである。「生涯教育」と同様、「身体教育」もまた人の生涯を見据え、子どもであるか大人であるかを問わず、発達段階に応じ生涯を通して行われていく必要がある。

2．身体教育の実践

(1) 身体教育の方法と技術

「身体教育」の具体的な実践に当たって、その方法や技術はどのように位置づけられるだろうか。「このような場面でどう声をかけるか」などの具体的な技術に始まり、「運動の教え方」「授業の進め方」「説明の工夫」「学習者のやる気の引き出し方」など、方法と技術に関して例を挙げれば数えられないほどたくさんあるであろう。

しかし本節では、身体教育の方法と技術について具体的にアドバイスしたり、実際の授業プログラムを組むこと、現実的な解決策を示すことなどは行わない。なぜなら、具体案を考案するためには、教師として実際の子どもたちを目の前にすべきであり、そうでなければ有効な案とはいえないからである。本節の趣旨は、したがって、教師が目の前の子どもたちにとって必要な

具体案を探るための「手がかり」や「観点」を提供することである。
　つまり、ここで押さえておくべきことは、「どの方法や技術を用いるかは、『目的の設定』と、『対象（相手）をどう理解するか』によって方向づけられる」ということである。この2つが揃ってはじめて、どのような教材・教具を用い、どのような方法をとるのか、具体的なその場その場での技術に至るまでが決まってくるのである。だからこそ、「目的の設定」と「対象（相手）の理解」にかかわって「身体が育つとはどういうことか」を考えておくことが有効になるのである。

(2)　「できる」と〈できる〉
　前項で、「逆上がりができる」というときの「できる」とは少し意味の違う〈できる〉があると述べた。「できる」は外側の判断であるが、それとは別な〈できる〉が生じている。先の「できる」と違い、「今、ここで逆上がりをしようとしている」私がもつ「感じ」である。「今」よりも少し先を予感しつつ起こってくる感覚と言いかえてもよい。このような〈できる〉は、触れることも、見ることもできないが本人だけがもっている「感じ」なのである。つまり〈できる〉は、頭で考えたり、試しにやってみた結果（過去）としての「できた―できなかった」とは違い、今、ここで私が鉄棒と向き合うその向き合い方なのである。できもしない逆上がりに延々とチャレンジし続ける子どもを、そのチャレンジへと駆り立てている感覚を想像してみよう。彼はまだできないけれど、何かしら〈できる〉という予感があるから鉄棒を握っている。「できるようになりたい」「できるかもしれない」「もう少しでできる」「さっきよりできるようになってきた」など、外側から見た「できる」を目指す過程で〈できる〉にかかわるぽんやりとした予感をもちつつ、「できなかったけれど、もう一度やってみよう」と、再び鉄棒に向かっていく。
　このような〈できる〉は、他人の目からはっきりと見えるわけではなく、また言葉に言い表すことも難しい。対照的に外側から見た「逆上がりができる（できた）」はとてもわかりやすいし指標としやすい。特に、〈できる〉はほとんど注目されず、「できる」の陰に隠れてしまい、両者は混同されていく。
　一方で、学校の体育授業は「できる」にこだわることに批判的である。授業のなかで子どもたちに技能を身につけさせることに偏った授業を批判し、それ以外にも多く学ぶべきことがあると指摘する。それは、「学習指導要領」を見れば明らかであるし、体育授業で重視すべきことは技能の習得ではなく、それ以上の何らかの価値である、という主張は「人間形成論」としてこれまでにも主張されてきた。

しかし、そうした方向に舵をきった体育の授業では、「できる」がなおざりにされるとともに、その陰に隠れている〈できる〉も同じように見過ごされていくことになる。「私がする！」という感覚、私が今、ここにいていろいろなものや人にはたらきかけている、という実感をありありと感じられる、そんな〈できる〉が軽視されていくことが、本当はより大きな問題なのではないだろうか。

3 ── 身体教育の現在〈いま〉

１．教材としてのスポーツ

(1) スポーツの位置づけ

　前節までにみてきたように、動いている「身体」という視点から体育を眺めてみると、体育では何を育てなければならないのかについて、新たな議論が可能となるだろう。また、前節第２項では、「目的の設定」と「対象（相手）の理解」に基づいて身体教育が実践されるという構造を示した。「どんな方法を用いるべきか」「何を教材とすべきか」については、目の前の子どもたちにとって必要な具体案を探るための「手がかり」や「観点」をなるべく多くもったうえで、模索し続けることになるだろう。

　さて、私たちは高等学校までの学校教育のなかで、スポーツを体育の主な教材として学んできた。ここで、教材としてのスポーツについて少し言及したい。スポーツがスポーツであるために最も欠くことのできない本質のひとつは紛れもなく競争であるといえるだろう。競争があるからこそ、もっと強くなりたい、もっと上手になりたいと努力もするだろうし、競争があるからこそゲームが楽しいことも事実である。どのようなレベルのスポーツ実践であっても、競争的な側面がまったくないスポーツを想像することは難しい。

　しかし、この競争には負の側面があることも事実であろう。競争がエスカレートした結果、一部では「勝つため」「強くするため」の指導と称して体罰が行われた結果、不幸な事件に結びつくこともあれば、オリンピックのメダルを狙うトップアスリートのドーピングが発覚する事件については、報道で広く知られているだろう。

(2) 教材化/学習材化

　競争には、必然的といってよいほどにエスカレートしやすい構造が見受け

られる。そして、当然のことながら弱い者はスポーツ実践から排除されていくことになり、スポーツ実践の世界は、少数の強い者だけが享受できる世界となっていく。そうであれば、このような負の側面を大いに抱えているスポーツが、体育の教材であってよいのだろうか。そんな疑問すら生じる。

　ここで重要となるのは「教材化」(あるいは「学習材化」)という行為である。『学校体育用語辞典』によれば、体育において教材とは「文化としての運動の中から、子どもの発達段階、生活経験の領域などを考慮して、順次性と系統性をもって、選択、配列されて教材となる」[8]とされている。つまり、スポーツという文化そのものをそのまま教育の場面に持ち込むのではなく、子どもに何を身につけさせたいかを明確にしたうえで、それを促すようにスポーツを作り替えていく必要があるということになる。このことがなければ、スポーツが体育のなかで果たせる役割は著しく制限されるだろうし、この教材化のプロセスによって体育という営みがようやく成立するのである。

2. 身体教育としてのスポーツの可能性

(1) スポーツの教材化

　どのように教材化(学習材化)していくかは、目の前の子どもたちが何を求めているか、あるいは子どもたちに何が必要であるかによる。最後に、筆者がかかわっている大学体育の授業を例に挙げ、教材化について考える材料としていただきたい。

　大学の体育には、大学生になっても体育系部活動やサークルで活躍し、自信に満ち溢れ、運動することが大好きな学生が一定数いる。積極的に授業に取り組み、いろいろな種目を楽しむことができる。その一方で、自分の技能に自信がもてない、迷惑をかけるのが心苦しい、なかには着替えるのが面倒、暑い、寒い云々……という理由を挙げて授業に消極的な学生も多くいる。

　大学生を対象とした体育を考える場合には、この消極的な学生の問題に取り組むことが不可欠である。つまり、自信がなかろうが、暑かろうが寒かろうが、おもしろそうだと思うことに自ら一歩踏み出すことができる程度には「動き出せる」ようにすること(これが前節で触れた〈できる〉である)。そのためには、最低限、「下手でも、動けなくても大丈夫だ」という環境が用意されている必要があると同時に、それだけではなく、自分にどのような力があるのか、可能性の幅広さに気づかせる必要がある。そこで行き着いたのが、ユニバーサルスポーツという発想である。健康な成人(主に男性?)以外の、高齢者、女性、障害のある人、幼児にも参加可能な種目を作ること

であり、スポーツが誕生し高度に発展してきた論理である近代の論理に対抗する、「ポストモダン（後近代）」の思想が背景にある。

(2) ユニバーサルスポーツ

ユニバーサルスポーツについては、社会学者の西山哲郎が次のように述べている。

> ユニバーサル・デザインとは、通常デザインの目標とされる「普通の人」という対象の虚構性を批判することから生まれる。なぜならこの「普通の人」という言葉は、奇妙なことにしばしば男性で、背は低すぎず高すぎず、太っても痩せてもいなくて、健康で、精神的にも安定しているといった、めったに存在しない人間のことを指しているのであって、本当の意味で普通の人間を意味していないからである。この「普通の人」という虚構が世間でも根強く信じられているために、よくも悪くも体の不自由な人は特別扱いされてしまうのだが、ユニバーサル・デザインでは現実に存在する人々が多様な属性をもつことを前提に設計が行われる[9]。

本章の初めからみてきたように、私たちの身体とは、私たちの人格がそれぞれ個性的であるのと同じように、別の言い方をすれば、人格の個性の基礎として、それぞれに個性的なのである。身体とは、それぞれに「文化や歴史をそのうちに沈殿させ」[10]ている。「普通の人」などという人は存在せず幻なのだ。そんな多様性を大前提としてスポーツをしようというのがユニバーサルスポーツなのである。

具体的には、自分たちでゲームを作り、そのゲームを自分たちに合わせて作り替えていく。たとえば、よく動ける人と運動が苦手な人が一緒にチームを組み、どんなゲームをすることができるか。道具やルールをどのように工夫するか。大学生が自分たちで考案していくというプロセスのなかに、自分たちの可能性を模索する活動が組み込まれている。

3．〈できる〉に出会う体育を目指して

本章では、「身体教育」という考え方のなかでも、とくにそのなかで育てようとする「体」が一体何なのかを考えてきた。このことは、身体をめぐる今日的な問題に取り組むためにもぜひとも必要となるだろう。また、章の後半では、スポーツについても触れてきた。スポーツは教育のなかで長く「心

と身体を育てる」役割を担ってきた。しかし、スポーツが高度に競技化することによって、多くの人がスポーツを「する」ことをやめてしまう。「する・観る・支える（育てる）」スポーツ、そんな標語も作られた。しかし、「する」ことはこれからもスポーツとのかかわりの中心であり続けるだろう。「する」ことを通して私たちはようやく自らの身体や他者と出会い、また思い通りにならない身体と葛藤しその可能性の大きさに、身をもって気づくからだ。

　私たちは、体育授業に対して消極的な子どもたちに対し、「ある」スポーツに対する自信をつけさせようとしてしまう。しかし、体育の授業で何かに積極的に取り組むために必要なのは、「ある特定の」スポーツ技術に対する自信より以前の、「動くこと一般」に対する、見えにくいが生活の土台となっている〈できる〉である。子どもたちは身体を目一杯使って遊ぶことによって、この「動くこと一般」への〈できる〉を手に入れているようであるが、私たちはそのような一見無駄な、秩序だっていない、ときにはいたずらのように思えるその活動を懐深く受け止めることができているだろうか。

　体育の現場において、「できたか、できなかったか」という結果によって学習者を追い詰めることは、当然避けなければならない。しかし、そうではないかたちで、何かに向けて動き出すための〈できる〉、対象と向き合う向き合い方としての〈できる〉を手に入れることはやはり重要なことであり、その意味において〈できる〉ようになることも目指されるべきことではないだろうか。

【引用文献】
1）文部科学省「中学校学習指導要領（平成29年３月）」
　　http://www.mext.go.jp/component/a_menu/education/micro_detail/__icsFiles/afieldfile/2017/06/21/1384661_5.pdf（2018年２月28日閲覧）
2）滝沢文雄（2006）「日本における身体観の現状―現象学的観点からの分析―」『体育・スポーツ哲学研究』第28巻・第１号　p.44
3）市川浩（1993）『〈身〉の構造』講談社　p.22
4）木田元（1970）『現象学』岩波書店　p.150
5）開一夫（2011）『赤ちゃんの不思議』岩波書店　p.109
6）エトムント・フッサール（浜渦辰二訳）（2001）『デカルト的省察』岩波書店　p.323
7）エトムント・フッサール（立松弘孝・榊原哲也訳）（2009）『イデーンⅡ-Ⅱ―純粋現象学と現象学的哲学のための諸構想―　第２巻　構成についての現象学的諸研究』みすず書房　p.96
8）松田岩男・宇土正彦編（1998）『学校体育用語辞典』大修館書店　p.89
9）西山哲郎（2006）『近代スポーツ文化とはなにか』世界思想社　pp.146-147
10）前掲書３）　p.59

Column 「できない」を楽しむ力

> よく、「できないのに楽しいの？」と聞かれるけど、「できないから楽しくない」という意味がわからないんだよね。
>
> シッティングバレーボール選手

　これは、シッティングバレーボール選手への聞き取りのなかででてきた言葉です。シッティングバレーボールとは、床にお尻を付けた状態で行うバレーボールで、パラリンピックの正式種目です。この選手は身体に重い障害がありながらも20年以上選手として活躍しています。

　冒頭の言葉を聞いて、「『できなければ楽しくない』と思っているのはなぜ？」と、逆に問い返されているように感じるのは筆者だけでしょうか。また、彼女は「『他人より秀でるのが嬉しいとか、そういう感覚はわからない』けれども長くプレーを続けているのは、ほかのプレーヤーと同じ土俵に立ち、そのなかで少しずつではあるが、いろいろなことができていく感覚があるから」とも言います。

　体育で問題となる「できる―できない」について、私たちは気づかぬうちに目に見えやすい「できる」を最もよいものとし、「できない」ことは乗り越えるべき悪しき状態だと思い込んでいるのかもしれません。そして、自分自身のものであるはずの「少しずつできていく」という感覚よりも、「他者と比べて」できているかどうか、他者からよく評価されるかどうかに囚われることによって、「できない」を悪者にしてしまう。これまで技能重視の体育が嫌われてきたとするなら、実はこの囚われによって問題が生じていたのではないでしょうか。

　日常の体育授業のなかでは、技能の習得に囚われるでもなく、けれどもそれを軽視するのでもなく、さまざまな教材を通して、この自分自身のものであるはずの感覚を、まさに自分自身に取り戻せるような取り組みが必要ではないでしょうか。それがたとえ外から見てどんな小さな変化であろうと、確かにその人は変わりつつあるのです。本人にとっては確かにわかる感覚もあれば、本人にも自覚されない変化があるかもしれません。「わたしはできる」というこのような感覚は、そのまま「わたしがここにいる」ことの実感となる、いわば人間が生きるうえでなくてはならない感覚なのではないでしょうか。

第3章 「運動を指導する」ための考え方

> **key point**
>
> 　私たちは運動指導の方法や内容について多くの指導書や仲間から情報を得ることができますが、「運動を指導する」ための考え方はどうでしょうか。「運動を指導する」ための考え方について、以下の2点をポイントに考えてみましょう。
> ① 運動指導では、指導者と実践者、指導方法と実践内容、理想と現実との関係について具体的に解決を図りながら実践者の意図を実現していく必要があることを理解しよう。
> ② 「実践の中の知」を基盤とした「身体の相互作用」を自覚できるようになろう。

1 ── 運動実践とは何か

　みなさんは、スポーツや運動をしているとき、どのようなことを感じたり考えたりしているだろうか。たとえば、「気持ちいい」や「楽しい」といった感情があるだろう。また、「深い」や「難しい」といった考えもあるだろう。私たちはスポーツや運動をしているそのときに多くのことを感じ、考えながら実践しているのである。ここに「運動実践とは何か」についての答えが隠されている。

　一方、みなさんは「体育」と「スポーツ」と「運動」の違いをそれぞれ説明することはできるだろうか[*1]。それぞれ重なっている点は多くあるが、その違いを明確に説明することは難しいのではないか。また、みなさんは人間の運動と機械の運動は同じだと思うだろうか。この問いは非常に奥深く、考え方次第で運動を指導するための考え方も変わってしまう。さらに問えば、体育やスポーツや運動を実践するとはどういうことだろうか。本節では、スポーツと運動との差異、人間の運動と機械のそれとの差異についての検討から、人間が運動を実践することの意味を考えたい。

*1 体育とスポーツと運動の混同については、中村敏雄・髙橋健夫・寒川恒夫・友添秀則編集主幹（2015）『21世紀スポーツ大事典』大修館書店　pp.23-26等に紹介されている。

1．スポーツと運動の差異と区別の難しさ

スポーツ基本法の前文では、スポーツは次のように紹介されている。

　　スポーツは、世界共通の人類の文化である。
　　スポーツは、心身の健全な発達、健康及び体力の保持増進、精神的な充足感の獲得、自律心その他の精神の涵養等のために個人又は集団で行われる運動競技その他の身体活動であり、今日、国民が生涯にわたり心身ともに健康で文化的な生活を営む上で不可欠のものとなっている[1]。

みなさんは、このスポーツのとらえ方について何を思うだろうか。「スポーツは文化である」と言うとき、何をもってスポーツを文化とみなすのだろうか。みなさんが取り組んでいるスポーツについて少し考えてみてほしい。筆者は幼少期からアルペンスキーに親しんでいるが、スキーというスポーツの何が文化なのかと問われると、少し困ってしまう。世界中で行われているスポーツだから文化なのか。オリンピック種目に採用されているスポーツだから文化なのか。さらに言えば、スポーツ基本法の前文に記されている事柄をスキーというスポーツはすべて含んでいるのか。スポーツのとらえ方を問うには、身体文化や運動文化の観点から考える必要がある。

スポーツは文化でもあるが運動でもある。たとえば、運動を英語に訳してみてほしい。「exercise」「movement」「motion」などが考えられるだろう。それらは同じ意味だろうか。一概に運動と言っても、考え方によって随分と意味が異なっている。体育・スポーツ哲学に近い領域のスポーツ運動学では、「人間の運動は、可視的に確認でき、変化の連続として捉えることのできるその時限りの一過性の現象」[2]と紹介されている。それに対して、スポーツバイオメカニクスは身体運動学やキネシオロジー（kinesiology）とも呼ばれ、運動を力学（mechanics）の法則にしたがってとらえている。たとえば、スポーツバイオメカニクスは「力学、生理学、解剖学などの基礎知識を応用して身体運動の仕組みをよりよく理解するための応用学」[3]と定義されている。このように、運動をどの観点からとらえるかによって意味が異なってくる。ドイツの運動学研究者であるマイネル（K. Meinel）は、この差異を次のように述べている。

　　人間の運動というものは、解剖学的、力学的、あるいは論理的合理的立場から思うままに勝手につくり変え、"諸要素"に分解し、再び合成できる

現象であると考える人と、また、社会的実践のなかで、環界との積極的な対峙のなかで形づくられるひとつの機能として運動を考える人とは、まったく異なる指導実践をすることになるであろう[4]。

　マイネルの言葉からも「考え方」が大切であることがわかる。すなわち、スポーツや運動を「どの観点」からとらえて、それらの「何を」考えるか、ということが大切である。スポーツは文化的概念であり、運動は科学的概念である、という区別はわかりやすいが、スポーツは運動でもあり、運動も文化である。したがって、一義的にスポーツや運動をとらえることには気をつけなければならないし、あるひとつの立場からとらえる際には、常に別の立場についても把握しておく必要がある。特に、人間の運動は身体運動であることに注意する必要がある。では、人間が身体運動を実践するとはどのようなことなのだろうか。

2．人間が運動を実践するということ

　私たちが運動を実践するとき、必ず目的をもち、自らの意図を実現させようとする。たとえば、競技スポーツにおいてルールに則りながらプレーすること、体育授業において運動を学習することなどである。さらに言えば、私たちは誰かによって操作されて運動を実施している訳ではない。運動を実践するということについて検討する場合、機械の運動について考えるのではなく、人間が身体運動を実践するということについて考えなければならない。
　この実践については、「理論と実践」の関係からとらえられることが多い。たとえば、「理論を基に実践する」という考え方があるが、それは実践に基づいて価値づけがなされるのであり、理論に基づいて価値づけがなされる訳ではない。運動を実践するということは、実践の中で何かを獲得するのではなく、ある運動を習得しようとしているときに意図を実現するということである。その際に問題となるのが、運動する本人の身体と運動の構造に基づいた実践を考えるということである。このことについて暗黙知についての哲学を展開したポランニー（M. Polanyi）は、「理論を真に知るための鍵は、それを実践する私たちの能力の内にある」[5]と述べ、「私が自分の身体について承知していることは、それについて生理学が語るものとはまったく異なるものだ」[6]と指摘している。また、マイネルも次のように述べている。

　　　実践経験というものは、理論的認識に先行し、行為は認識に先行してい

るのであり、なお今日においてさえ、運動の本質についてのどんな認識獲得でも真の認識に至ろうとすれば、実践からその結果を引き出し、また、じかに観察し経験していくことからその結果を引き出してゆかなければならないのである[7]。

すなわち、人間が運動を実践するということは、ある運動についての自らの身体能力や運動能力に基づき、具体的な行為によって意図を実現する、ということである。次項では、「実践からの理論化」という方向性から、人間の運動実践の独自性を示すことによって新たな考え方を提示したい。

3．人間の運動実践の独自性

人間が運動を実践するとき、必ず「〇〇をしよう」という意図が生じる。それは日常生活における実践でも同様である。すなわち、私たちは「起きよう」と意図して「布団から起き上がる」という行為（運動）を実践するのであり、「朝食を食べよう」と意図して「朝食を作り、食卓に並べ、食べる」という行為（運動）を実践するのである。この意図は常に具体的であり、行為（運動）に直結する。この人間の運動実践について、体育哲学者である滝沢文雄は「人間が行う運動の実践とは、ある意図のもとにみずからの動きに修正を加え、外界とのやり取りによってその意図を実現することである」[8]と述べている。この意図は、運動の見方にも同様に働く。たとえば、マイネルは次のように述べている。

> たしかに、われわれは運動を見てはいる。もっと正確にいえば、（中略）、われわれは常に動かされている身体を見ているのであって、決して運動"それ自身"を見抜いているのではない[9]。

彼は、この運動の見方について、運動モルフォロギーの研究方法[*2]として2つの観察（自己観察と他者観察）を挙げている[12]。前者は、自分自身の知覚に基づいている。また、ただ単に自らが感じた内容だけでは自己観察を行ったということにはならず、その感覚内容を言語として説明する必要がある。後者は、他者の知覚に基づいている。特に指導者の他者観察には、印象分析が基礎として用いられている[13]。この分析では、指導者が自分勝手に他者の運動を観察するのではなく、彼の運動を基礎に置きながら彼ならではの「動きの感じ（徴表）」を把握するのである。また、マイネルの説明に対応して、

*2
マイネルは、モルフォロギーについて、「モルフォロギー的考察法は、スポーツ運動を目を通して外から知覚していくだけでなく、体験し、"中から"知覚することによって大きく補充され、拡充される」[10]と説明している。なお、運動モルフォロギー研究には、「比較研究法」がある。その方法は、より多くの運動経過を比較考察するための方法と位置づけられている[11]。

運動学研究者の金子明友は次のように述べている。

> われわれはスポーツ運動の中に、部分に小間切れにできない、緊密な全体構造をもった有意味な運動経過を前景に立てなければならない。われわれがスポーツで運動を見るというときには、そのような"運動ゲシュタルト"を対象にしている[14]。

したがって、私たちは「他者の運動している身体」をひとつの「運動ゲシュタルト」*3として見ていると考えることができる。たとえば、「スキーという運動」はターン運動と切り換え運動に区別されるが、重心移動や荷重・角付け・回旋といった運動もある。それらをまとめて「スキーという運動」としてとらえることができ、私たちはそのようにして運動を見ているということである。このように、人間が運動を実践するということは、ある運動に対して自らの意図が働き、自らの身体を基に、運動を観察しながら、意図を実現するために行為するということである。

*3 運動ゲシュタルト
金子・朝岡によれば、運動ゲシュタルトは運動形態と同義に用いられ、「ある運動の実現にともなって、時間的にひとつの構造としてとらえられる、運動の外的現象形態」と説明されている[15]。

2 ── 運動実践と運動習得

前節でも述べたように、私たちが人間の運動実践について考えるとき、その範囲は、日常生活における無自覚な実践から競技スポーツにおける極限にまで研ぎ澄まされた実践にまで及んでいる。本節では、運動実践と運動習得の関係を示すために、運動習得における「翻訳」、運動習得と「実践の中の知」との関係、運動実践と「身体の相互作用」との関係について検討したい。

1．運動習得における「翻訳」

多くの運動学習の場合、学習者は指導者の示範やほかの学習者の運動を観察し、運動の仕方を理解する。そして、その理解に応じて実践することによって運動習得を目指す。また指導者は、学習者へ運動を理解するための方法を提示し、その方法を実践させることによって運動が習得できるように指導する。この場合、運動習得は運動実践のための手段になる。すでに述べたように、試合に勝つための運動実践があれば、体育授業のための運動実践もある。その目的によって、運動習得の内容も異なる。したがって、運動習得は運動実践に基づいて行われることになる。特に、運動実践者は、必要最低限かつ

最適な他者の運動を読み取り、それに対応しようとしている。したがって、実践者は、無自覚に「他者の運動を読み取り、読み取った内容を自らの実践へ組み換える働き」を習得しようとしているのである。ここでは、その「組み換える働き」を「翻訳」ととらえ、運動習得における働きを示したい。その基盤は後に説明する「実践の中の知」である。

瀧澤は、この翻訳について「客観的な動作の技術的説明も、下位【動作】*4に翻訳することができれば有効になり得る」[18]と述べ、次のように身体運動における翻訳の有効性について述べている。

> 身体運動の習得の際には、言語的思考による科学的知識を、肉付けし具体化しなければならない。その具体化は、言語的知識を学習者個人の具体的な下位【動作】へ翻訳することによって可能となる。この翻訳によって、指導者と学習者とが意味されるものの共有範囲を広げることができる[19]。

すなわち、翻訳は、言葉や映像による運動の説明、自己または他者の運動（翻訳元）を習得者本人の身体（翻訳先）へ具体化することである。運動習得においては、この翻訳を「理解」ではなく「実践」という形式で伝えることが必要である。特に、体育や運動指導にかかわる者である私たちは、自らの身体によってその実践を示し、習得者に対して伝えていかなければならない。それが、他者とのやりとりを言葉によるやりとりから、実践によるやりとりに移し変える役目も果たす。このやりとりは後述する「身体の相互作用」になる。

したがって、運動習得とは、他者の運動を自らの運動に翻訳し、その運動を基に実践することで核となる運動感覚（キネステーゼ）を身につけるということである。さらに言えば、実践者が翻訳を身につけることができるようになれば、ほかの運動実践の際も他者の運動の枠組みのまま、他者に対応することができるようになる。実践者は、自己または他者の運動を翻訳の対象にし、その対象を、いつ、どのようなタイミングで、どのような方法で翻訳しているのかを自らの実践によって示し、運動を習得していくのである。

2．運動習得と「実践の中の知」

ある運動を習得するとき、私たちは具体的なスポーツや運動の実践から習得しようとする。指導書や他者からの助言からのみ習得しようとすると机上の空論になることが多い。このことについて、マイネルは、「スポーツの新

*4 下位【動作】
瀧澤は、「下位【動作】とは、「ある上位の【動作】に対して下位にあり、上位の【動作】を構成している【動作】である」[16]と説明している。また、滝沢は「多くの人が生活の中で共通して体験し、実践できる動作」とも述べている[17]。

しい"技術"、すなわち、合目的で経済的な運動経過の形態というものは、実践のなかで発見され、検証され、改善されてきた」[20]と述べ、スポーツにおける技術が「実践の中の知（knowing in practice）」であることを示唆している。

「実践の中の知」とは、省察的実践についての専門的知識のあり方について探究を進めたショーン（D. A. Schön）が掲げている知である。それは、実践のなかにある暗黙的で直観的な知であり、行為の現在（action-present）にしばられている[21]。彼は、「私たちの知の形成は、行為のパターンや取り扱う素材に対する触感の中に、暗黙のうちにそれとなく存在している。」[22]と述べている。たとえば、「有能な実践者は日々の実践の中で、適切な判断基準を言葉で説明できないまま、無数もの判断をおこなっており、規則や手続きの説明ができないまま、自分の技能を実現している」[23]のである[*5]。また彼は、知の生成（knowing）の特性として以下の3点を示している[24]。

①意識しないままに実施の仕方がわかるような行為、認知、判断がある。
②私たちは、こうした行為、認知、判断を学んでいるのに気づかないことが多く、ただ、そうしたことをおこなっているという事実に気づくだけである。
③私たちの行為が指し示す知の生成を記述することは、通常はできない。

実践者は、運動中に具体的に考えながら、彼独自の気づきについての新しい理論を構築する。実践者は考えることと行動とを分離せず、決断の方法を考え、その決断を行為へと変換する。このことを「学習」からとらえる場合、実践共同体における学習を検討し、正統的周辺参加という形式を示したレイヴ＆ウェンガー（J. Lave & E. Wenger）が言うような「状況に埋め込まれた学習（Situated Learning）」がなされていると言えよう。この学習は、学習それ自体が即興で生み出される実践であり、すなわち、実践へのかかわりに対する機会の中で展開するのである[25]。運動実践において、私たちは常に状況を把握し、適切な判断をしなければならない。その意味で運動は常に実践性を帯びているのである。

3．運動実践と「身体の相互作用」

私たちは、運動実践において他者と多くのやりとりをしながら自らの対応を判断し、行動する。その基盤は「身体の相互作用」[26]である。「身体の相

[*5] ショーンは、これを「行為の中の省察」と表現している。

互作用」は、運動主体である「固有の身体」による他者への働きかけによって生ずる、運動主体と他者の実践としての働きかけである。その固有の身体は、他者との具体的な運動をやりとりするための能力を備えている。

　この「身体の相互作用」は、ドイツの現象学者であるシュミッツ（H. Schmitz）の「身体的自己移入（Einleibung）」[27]との関係が重要である。シュミッツは、「身体的自己移入（Einleibung）」または「身体的コミュニケーション（leibliche Kommunikation）」によって相互作用が成立可能である[28]、と説明し、例としてまなざしを挙げている。彼によれば、まなざしは「身体的方向定位」*6である[30]。たとえば、まなざしによって主体と他者とが関係を作るとき、何かしらの感情（例：恥ずかしい）や意図（例：同意）が双方に伝わる。しかし、それよりもはるか以前に行為についての気づき（例：一緒によく練習をつんだ相手とであればひとりでに調子が合う）が生じている。その変化は、「たがいに身体的に自己を移入しあうことによって、大きな身体的全体を織りなしている」と説明され、例としてスポーツにおけるパートナーとの関係が挙げられている[31]。特にこの移入は「相互的な身体的自己移入」[32]であるという。このように、運動実践では「身体の相互作用」が気づかないうちに働いている。指導者も実践者もそれを自覚する必要がある。そのためにも具体的なやりとりが重要になる。

＊6
シュミッツは、「身体的方向定位は狭さから広さへと向うのであり、逆に広さから狭さへと向うのではない」と説明している[29]。

3 ── 運動実践と運動指導

　前節では、運動実践と運動習得との関係を検討した。それは、運動実践における運動習得と言いかえることができる。運動実践者がある運動を習得しようとするとき、これまでの知識や体験を活用しながら、今ある運動の課題に取り組む。そのとき、指導者は彼の運動習得をどのようにとらえているのだろうか。本節では、運動指導における身体に対する見方、指導者と実践者の共通基盤となる「実践の中の知」、情報の理解を基にした運動指導からの変換を検討し、運動実践と運動指導との関係を示したい。

1．運動指導における身体の見方

　運動指導において、指導者は学習した理論や自らの指導体験あるいは運動体験を参考にしながら、また、ある思想や志向に基づきながら行動するだろう。では、指導者は実践者の運動習得をどのようにとらえているのだろうか。

マイネルは、運動経過へ注意を向けることの必要性について言及している。

> 新しい運動の習得にあたって、その意図と達成されたものとの間にあたえざる不一致は、教師や生徒がその成否の鍵となる運動経過そのものに注意を向けざるをえないようにさせるのである[33]。

運動指導において、指導者と実践者の間で運動の見方にずれがある場合、非常に大きな問題が生ずる。運動実践において、実践者は常に他者の身体に注目せざるを得ない。なぜなら、実践者と対峙する他者は実践者に対して自らの能力を示してくるからである。さらに言えば、他者の身体だけでなく、実践者自らの身体にも注目せざるを得ない。そのときの自らの身体は、常に他者と比較された状態で現れている。運動実践においては「身体」が常につきまとってくるのである。

実践者にとって他者の身体は、ある特定の運動が「できる」「できない」と判断する際の指標になる。この「できる」は実践者と他者が対峙するときに実践者が行おうとしている運動に対してその相手が対応「できる」か「できない」か、というレベルで現れている。すなわち、運動実践においては実践者の身体（運動）能力を基礎とした「固有の身体」が現れているということである。また、他者の身体は意図が読めない身体にもなる。それは、他者の身体（運動）能力によって左右されると言えよう。この身体は、思い通りにならない身体でもあり、動かない（動けない）身体でもある。すなわち、実践者にとって他者の身体は「自分の意図通りに動かない身体」なのである。

さて、これまでの「他者の立ち現われ」についての問いを解決するために、指導者や実践者が自らの身体に対する評価や他者の身体の見方に注目する必要が生ずる。彼らは運動実践においても一方向的な身体観をもっているのではないだろうか。たとえば、誰もが「できる」者のイメージに追われているということである。「できない」者がいくら「できる」者のイメージを追いかけたとしても、それは他者にとっての「できる」であり、自らの実践としての「できる」ではない。

2．指導者と実践者の共通基盤となる「実践の中の知」

これまでの検討から、運動指導の基盤に「実践の中の知」が欠かせないことがわかる。それは、指導者自身が自らあるいは他者の運動実践において得られる知を基盤にして、運動実践者に指導を進めていくということである。

したがって、それは客観的な知識ではなく、徹底的に主観的な知である。運動指導にかかわる私たちは、専門知（テクニック）をもちつつ、集団にも個にも対応できるような指導を目指している。その指導は言葉だけではなく、振る舞いやチームづくりにも現れる。ここで気をつけなければならないことは、それが「コツやカン」に留まってはならないという点である。さらに言えば、その集団のみに通じる指導であってはならない。運動実践者は誰もが目標をもち、うまくなりたかったり、勝ちたかったりする。運動指導者は彼らを支え、成功のために努力する。また、運動指導者の多くはその指導に教育的要素をもち込み、教育者としての一側面ももつようになる。

　私たちが運動を指導するということ、運動を実践するということは、人間としての行為であり、それは「行為の中の知」や「実践の中の知」を生み出す。具体的な運動実践が、実践者の身体を豊かに成長させる。そして、その運動が脈々と受け継がれていくことによってスポーツや運動が文化とみなされるようになるのである。

3．情報伝達を基にした運動指導からの変換

　本章では「運動を指導する」という考え方について検討してきた。私たちは、運動指導の方法や内容について多くの指導書や仲間から情報を得られるが、それはあくまで情報であり、それを意味ある情報にすることができるのは、指導者と実践者の間に「実践の中の知」という共通となる知がなければならない。この知は、指導者と実践者の間で生じる「身体の相互作用」の基盤となる。運動指導では、指導者と実践者の間で作られる関係について具体的に解決を図りながら実践者の意図を実現していく必要がある。哲学者の村田純一は、実践からの理論化の重要性を述べている。

　　　理論はもともと実践的機能にその意味の起源をもつと同時に、他方、実践のなかで働く知を理論化することによって、実践のあり方を反省し批判するという機能、すなわちより広い根拠づけの脈略のなかに実践を位置づけるという理性機能をもつ[34]。

　本章では、競技スポーツにおけるコーチングや学校体育における運動指導とは異なった観点から、「運動を指導する」ための考え方、正確に言えば、「人間の身体運動の実践を指導する」ための考え方を検討してきた。この考え方の中心に「実践の中の知」や「身体の相互作用」がある。指導者と実践者が

「実践の中の知」を共通基盤としてもつこと、指導者と実践者の「身体の相互作用」によって具体的に解決を図りながら実践者の意図を実現していくことが運動指導においては重要である。

【引用文献】
1 ）スポーツ基本法（平成23年法律第78号）（条文）
   http://www.mext.go.jp/a_menu/sports/kihonhou/attach/1307658.htm（2018年 2 月28日閲覧）
2 ）金子明友・朝岡正雄編（1990）『運動学講義』大修館書店　p.88
3 ）金子公宥（2006）『スポーツ・バイオメカニクス入門（第 3 版）：絵で見る講義ノート』杏林書院　p.13
4 ）クルト・マイネル（金子明友訳）（1981）『マイネル・スポーツ運動学』大修館書店　p.25
5 ）マイケル・ポランニー（高橋勇夫訳）（2003）『暗黙知の次元』筑摩書房　p.40
6 ）前掲書 5 ）　p.43
7 ）前掲書 4 ）　p. 2
8 ）滝沢文雄（2014）「『現象学的運動学』論考—身体を教育するための新たな運動学—」『体育・スポーツ哲学研究』第36巻・第 1 号　pp.13-28
9 ）前掲書 4 ）　p.140
10）同上書　p.107
11）同上書　pp.130-132
12）同上書　pp.106-109・122-130、訳注pp.426-427
13）同上書　p.127
14）金子明友（1987）「運動観察のモルフオロギー」『筑波大学体育科学系紀要』第10巻　p.118
15）前掲書 2 ）　p.259
16）瀧澤文雄（1995）『身体の論理』不昧堂出版　p.157
17）滝沢文雄（2011）「身体的思考における下位〔動作〕の役割」『体育学研究』第56巻・第 2 号　p.396
18）前掲書16）　p.209
19）同上書　p.210
20）前掲書 4 ）　p.14
21）ドナルド・A・ショーン（柳沢昌一・三輪建二監訳）（2007）『省察的実践とは何か—プロフェッショナルの行為と思考—』鳳書房　p.57・64
22）同上書　p.50
23）同上
24）同上書　p.55
25）ジーン・レイヴ、エティエンヌ・ウェンガー（佐伯胖訳）（1993）『状況に埋め込まれた学習』産業図書　p.74
26）高橋浩二（2008）「運動実践の基盤となる『身体の相互作用』―〈他者〉との相互作用についての現象学的考察―」『体育・スポーツ哲学研究』第30巻・第 2 号　p.123
27）ヘルマン・シュミッツ（小川侃編訳）（1986）『身体と感情の現象学』産業図書

pp.58-67
28）同上書　p.147
29）同上書　p.56
30）同上
31）同上書　pp.148-149
32）同上書　p.154
33）前掲書4）　p.6
34）村田純一（1995）『知覚と生活世界』東京大学出版会　p.227

【参考文献】
クルト・マイネル（金子明友訳）（1981）『マイネル・スポーツ運動学』大修館書店
高橋浩二（2008）「運動実践の基盤となる『身体の相互作用』―〈他者〉との相互作用についての現象学的考察―」『体育・スポーツ哲学研究』第30巻・第2号　pp.113-126
瀧澤文雄（1995）『身体の論理』不昧堂出版
ドナルド・A・ショーン（柳沢昌一・三輪建二監訳）（2007）『省察的実践とは何か―プロフェッショナルの行為と思考―』鳳書房
ヘルマン・シュミッツ（小川侃監訳）（1986）『身体と感情の現象学』産業図書

Column 運動実践のための「事象そのものへ」

> 身体はそれ自身との関係において知覚身体であり、かつ実践的身体である。
> フッサール（1859〜1938）：ドイツの現象学者

　体育・スポーツ哲学という研究分野では、現象学的方法を用いる研究者がいる。筆者もそのなかの一人である。私たちは「実践からの体育・スポーツ哲学」を目指している。現象学はフッサール（E. Husserl）が創始した哲学の一分野である。現象学は「事象そのものへ（Zu den Sachen selbst）」という標語で示されるように、事象そのものに迫るために直接経験に立ち戻り、学問の基礎づけを目指す哲学である。さらに言えば、現象学は「普遍的な理念を追究する学問」であり、その根本には日常生活の実践がある。この実践なしには学問的基盤さえ成立しない。

　体育・スポーツ哲学における現象学の可能性は、日本体育・スポーツ哲学会の設立初期に多く検討されている。詳細は『体育・スポーツ哲学研究』をご覧いただきたい（日本体育・スポーツ哲学会が発行している研究誌で「J-STAGE」に第1巻からの論文が掲載されている（https://www.jstage.jst.go.jp/browse/jpspe/-char/ja/））。

　筆者はこの現象学的方法によって運動実践の根拠を提示することができると考えている。これまでの体育学・スポーツ科学は、実践それ自体を考察対象にしてこなかった。本章では、「実践の中の知」を紹介することによって新たな議論を導こうとした。運動実践からこの知を考えれば、運動を実践しているその瞬間において自らの運動を決断する際に生成される知が「実践の中の知」である。特に、新しい運動を学習する際には、常にこの知が働いているといえよう。それは、「あれ？　今のってこんな感じ？」や「はいはい、わかってきましたよ！」というときに味わえる実感と言いかえることもできる。

　私たちが体育や運動とは何かを考えるとき、常に実践を見据えながら、あるいは実践に根ざしながら議論を進める必要がある。それが「実践からの体育・スポーツ哲学」の使命となる。実践に身を置く体育学・スポーツ科学研究者、体育にかかわる教育者、スポーツにかかわるすべての人が、ともに体育・スポーツ哲学を作り上げていくこと、そのためにも個人的経験のみに陥らないようにすること、現象学的態度を厳守することが重要である。その意味で、筆者自身もその態度を貫き、実践に身をおき、体育教師を目指すみなさんや教育現場に身を置く先生方やスポーツ現場に身を置く指導者・競技者との相互批判を通じて、体育・スポーツ哲学を実践的に充実させていきたい。

第4章 身体文化教育という考え方

> **key point**
> 　本章では、「文化」という視点から体育（身体教育）について考えていくうえで、以下の3点が学びのポイントとなります。
> ①人間の身体は、生まれ育った文化の影響を受けていることを知ろう。
> ②身体に文化を伝承するプロセスは、教育的な行為とも深くかかわっていることを理解しよう。
> ③身体文化を身につけることが、人間の生活にどのような影響をもたらすのか、考えてみよう。

1 ── 身体に根づく文化

1．身体文化と身体技法

(1) 身体の文化

　スポーツをする人たちの動きを見るとき、私たちはそこに動きの軽快さや躍動感、さらには優美さをも感じることがある。一見すると簡単そうに見えるそれらの動きは、実は幾重もの多様な動作によって構成されていることも少なくない。すなわち、スポーツの動きは、たとえそれがどんなに基礎的な動きであっても、多くの練習の積み重ねによって育まれているものであり、日々繰り返される練習はその洗練化の営みであるともいえる。

　ところで、人間の日常生活もまた多様な動作によって構成されている。普段の生活を思い起こしてみても、挨拶、食事、身支度、通勤・通学、会話、勉強など、言うまでもなくあらゆる活動は身体をともなっており、そしてそれらは「躾（しつけ）」に代表されるように、教育によってその作法が伝えられているのが一般的である。すなわち、無意識であるにせよ、人間は日々の繰り返しのなかで先人たちが遺（のこ）してきた文化を身体に刻んでいるのであり、その点ではスポーツの動作習得と同じプロセスが存在しているといえる。

　身体に係（かか）わる文化は、「身体文化」と呼ばれる。身体文化とは、「身体に係って蓄積されている膨大な文化」[1]とされ、それは衣・食・住に係るものから儀礼、呪術、芸術、立居振舞など、広い範囲にわたるものである。先に述べ

た通り、人間の生活では生まれ育った環境に適したかたちで身体を動かすことが求められており、それは当人が生まれ育つ社会によって異なる。すなわち、おのおのの社会に応じるかたちで身体文化は存在するのであるが、それは身体の動かし方に限定されない。たとえば、身体にまとう衣服や髪型などのファッション、さらには「カッコイイ・美しいカラダ」でさえも、時代や地域によって流行が存在するのであるから、それは身体に係る文化、すなわち身体文化なのである。このように、身体文化は広範かつ身近なものであり、身体が存在するところには身体文化もまた存在しているといえるのである。

(2) 身体の技法

身体文化のなかでもとりわけ身体の動かし方に限定するとき、それは「身体技法」と呼ばれる。身体技法とは、フランスの社会学・人類学者であるモース（M. Mauss）によって提唱されたものである。モースは、身体技法を「人間がそれぞれの社会で伝統的な態様でその身体を用いる仕方」[2]と定義している。すなわち、身体技法とはその社会に伝統的に継承される身体の用い方のことであり、いわば、さまざまな社会のなかで蓄積されてきた身体に関する技術の体系なのである。

身体技法という考え方から人間の身体を見てみると、あらゆる姿勢や動作は、その人が生活する社会のなかで伝承されてきた、文化的な技術であるということがわかる。それは、日常的な行為のみならず、スポーツにも該当する。たとえば、あらゆるスポーツの基礎的動作である「走る」という行為でさえも、日本人の伝統的な身体技法にはなかったとされる[3]。すなわち、走るという行為もまた身体技法であり、訓練によって得られた成果なのである[*1]。このように、できることが当然と思われるようなことも、実はその社会のなかで身につけられた成果なのであり、その意味では各種のスポーツもまた、発祥国・地域の文化に根ざした身体の使い方なのである。

2．身体文化と教育

(1) 文化の伝達と教育

人間の姿勢や動作が、文化的技術である身体技法として伝承されているのであれば、そこには教育的営みが介在していることになる。すなわち、「人間は社会的動物であるから、年少世代を自ら生活する既存社会の構成員にするために文化を伝達する」[4]のである。それは、人間は社会のなかで生きる動物であるから、生まれ育った社会に不自由することなく適応できるよう教

*1 近世までの日本人には、忍者のように速く歩く（「かけあるく」などともいわれる）ことはあっても、今日のように「走る」ことはなかったとされている。したがって、現代の日本人が行う「走る」という動作は、近代的な身体技法といえる。

育をするという考えである。すなわち、人間が社会生活を営むうえでは、自らが生まれ育った社会の文化を理解することが不可欠であり、自己の素質や可能性も、その社会の文化にのっとることで開花するのである。

　そしてそれは、身体に関しても同様である。体育哲学者の佐藤臣彦は、「人間が営々として蓄積してきた文化が、社会過程のなかでそれを『身にまとう』べき所与として先在している」[5]と指摘する。自らに先立って存在する文化を身につけ、実践することによって、自らの行為は初めて文化的に意味あることとしてみられるのである。よって、社会生活のなかで自らを自由に表現するためには、当該社会にすでに存在している文化を身につけることが不可欠なのである。

(2) 社会生活における身体技法の意味

　ここでは、身体技法の教育的側面について、マナーの問題を例に考えてみたい。マナーは法による義務や強制ではないため、実際には守ることも破ることもできるのであるが、そのためにマナーはその人の人柄や品性を映し出すことにもなる。他者への細やかな気配りが身体的行為をともなって表現されたとき、あるいは洗練された美しい立居振舞を目にしたとき、そこにはその人の人柄や品性を見いだすことができるとともに、その人が受けてきた教育をも垣間見ることができる。言いかえれば、マナーとは、当該社会の道徳や倫理といった文化的規範を身体技法によって表現する行為なのである。

　たとえば「歩く」という日常の何気ない動作であっても、その速度、姿勢、手の振り方、歩幅など、身体の微妙な用い方によって、それを見る人には多様な印象を与える。広い歩幅で腕を大きく振って歩けば、その人は慌ただしい印象を与えるし、他方、背中を丸めて小さな歩幅で歩いていれば、その人は自信を失っているように見えるであろう。それは、言葉を用いる会話においても同様であり、言語的な情報のみならず、相手の表情やしぐさを読み取って、コミュニケーションはより深められる。特に気持ちや感情は、言葉そのものよりも言葉以外の手段によって伝わるところが大きい[6]ため、マナーやコミュニケーションという視点から見れば、他者へと向けられる身体技法が必要になるのである。

(3) 教育としての身体文化の可能性

　自らが生まれ育った文化を身にまとい、社会生活を営む前提となる身体の教育は、体育・スポーツとも無関係ではない。なぜなら、日常生活におけるしぐさもスポーツの技能も、身体を用いて繰り返し訓練し、技法を習得する

というプロセスにおいては共通しているからである。日頃の立居振舞もスポーツの技能もともに身体技法なのであり、それらは身体に文化を伝達するという身体文化教育によって伝えられているのである。

　身体文化への関心は、さまざまな論者によって言及されているが、ここでは特に教育としてその重要性を説く、体育哲学者の滝沢文雄と人類学者の野村雅一の言葉を紹介しておこう。滝沢は、日常的なしぐさに焦点を当て「下品であること、粗野であることからの脱出には、身体文化の習得が必要なのである」[7]として、社会性やコミュニケーションという観点から体育において身体文化を教育することの重要性を指摘している。また、野村は「科学としての体育は、いわば"自然な身体"を前提にして、"不自然な"身体動作の矯正をはかるイデオロギーであり、アート（技術）である」[8]とし、体育という活動それ自体が、すでに身体文化の教育であると指摘している。両者の主張は、人間が円滑な社会生活を営むためには、身体文化を意図的に教育する必要があるというものである。日頃、何気なく行われるしぐさや立居振舞などの身体技法が、社会生活に影響を与えることを考えれば、そこには身体を教育することのさらなる重要性と可能性が見いだされるであろう。

2 ── 芸道にみる身体の学習論

1．身体への文化伝承

(1) 身体技法の伝承

　社会的に伝承される文化としての技術、すなわち身体技法の伝承はどのように行われるのであろうか。社会的に価値を認められた行為が文化として遺（のこ）り、次世代に伝承されるのであれば、身体技法の伝承には環境に適応するための単なる動作の繰り返しに止まらない、教育的営みが内在しているであろう。よって、ここでは身体技法の伝承を手がかりとして、身体それ自体の教育について考えてみたい。

　まず、「身体技法」の概念を提唱したモースは、その獲得が「威光模倣（いこうもほう）」によるとし、「子どもも大人も、その信頼し、また自分に対して権威をもつ人が成功した行為、また、成功するのを目のあたりに見た行為を模倣する」[9]と説明している。自分に対して権威をもつ人とは、たとえば親や教師、年長者といった自分よりも社会的権威をもつ人のことであり、彼らの行為を模倣する（まねる）ことによって技法は獲得されるという。たとえば、日常的な

場面であれば、慣れない環境に身を置いた際、他者（たとえば上司や先輩と呼ばれる人）の動きを模倣しながら行動の仕方を覚えていくことは、誰もがよく行うことである。また、スポーツの場面であれば、憧れの選手の動きを模倣することで、その技術を自らのものとして獲得することもよくある事例であろう。

このように、身体技法は主として模倣により伝承されるのであるが、模倣による文化の伝承は、わが国においてもなされてきた。そもそも、「『学び』という言葉は『まねび』を起源としている」[10]と指摘されるように、わが国では「まねび」、すなわち模倣は、学びの手段として重視されてきたのである。そして、わが国の伝統的身体文化である芸道（武道や能、書道、茶道など）は、その模倣を中心とした伝承方法を採用しているのである。

(2) 芸道論にみるわざの伝承

芸道とは、辞書によれば「技芸や芸能の道」[11]とされることから、「芸」を中核とした文化であることがわかる。そしてその芸とは、日本史学者である西山松之助によれば以下のように示される。

　　芸道というのは、芸を実践する道である。芸とは、肉体を用いて、踊ったり、演じたり、画いたり、嗅いだり、味わったり、話したり、弾いたり、等々、体の全体または一部をはたらかすことによって、文化価値を創りだすとか、または再創造するとかをする、そのはたらきをいう[12]。

ここで着目すべきは、芸道が身体を用いた芸の実践を重視している点である。完成された作品や行為の結果以前に、まず身体を用いて芸を実践することに重点が置かれていることは、芸道の文化的特性を如実に表している。さらに、西山は芸道について、「肉体のはたらきによって成立するものであるから、何よりもそのわざが優先する」[13]と指摘するが、それは芸道の伝承が言葉による理解に止まらず、身体の次元で理解されることを求めているためである。すなわち、芸道論は芸（わざ）の実践という身体的経験に基づいて展開されてきたといえるのである。

芸道におけるわざの習得過程は、「稽古」と呼ばれる。稽古とは、「古を稽える」という意味で、師匠や先輩、あるいはさらに以前の先達によって受け継がれてきたわざを手本とし、習う過程である。それは、自らの身体を指導者の示す姿に似せようと努力することを通じて、姿だけでなく、指導者の考え方や心のあり方までをも学ぼうとするものである。言いかえれば、姿を似

せることによって初めて、先達の心や境地が理解できるのである。

　芸道における姿とは、型（かた）を意味している。型は、各道に存在する多様なわざを後世に伝承するためにパターン化したものであり、身体技法の結集である。そして、学習者はまずもって指導者の示す型にしたがうことで、無駄なくわざの本質を学ぶことができるとされている。よって、芸道の伝承は型を通じて身体から身体へと伝えられるとともに、その過程を通じて心をも伝えられるべきもの、と考えられているのである。

2．身体の模倣と学び

(1) 模倣についての考え方

　芸道の伝承は、身体に文化を伝えることを重視しているために、学習者の模倣によって進められている。ところで、この模倣については、「ミメーシス」と「イミテーション」という2つの系譜に区別することができる[14]。そこで、両者の考え方について整理すると、まずミメーシスはギリシャ語に由来し、すでにある（あった）ことを単にコピーしているだけではなく、模倣者がそこに新たな意味を付加する積極的な活動である。一方、イミテーションはラテン語を語源とし、モデルの価値を重視することから、模倣をモデルの忠実な再現・再産出としてとらえるものである。すなわち、前者は模倣から新たな意味を見いだそうとするのに対して、後者は模倣によってモデルを忠実に再現することを重視する立場にある。

　近代教育（学）は主として、イミテーションとしての模倣を積極的に取り入れてきたが、ミメーシスとしての模倣を再考するならば、学ぶことは社会的な価値の単なる再現・再産出ではなく、人間が新たな生の可能性にひらかれる意味生成の瞬間である[15]。すなわちそれは、ミメーシスとしての模倣の考え方が、学びを検討するうえでの重要な手がかりになることを意味しているのである。

(2) 繰り返される模倣

　ミメーシスとしての模倣は、手本となる他者の身体から出発しつつも、単なるモデルの再現に止まらない。そこでは、自ら模倣の意味を解釈し、さらに実際に身体を動かすなかで、自分なりの新たな意味を見いだしている。言いかえれば、模倣する身体はその都度、新たな意味を創り出しているのである。

　一般的に、模倣は創造性のない反復としてみなされ、そのための練習や訓

練は、できるだけ少なく済ませるのがよいことと思われがちである。しかし、ミメーシスとしての模倣は、単なる機械的な反復に止まりはしない。模倣することそれ自体が、すでに創造的な活動なのである。

もし、わざの習得過程が単なる再現を目的とする、イミテーションとしての模倣となるならば、繰り返し行われる稽古は、耐え難いものでしかないだろう。他方、自らが行為のなかで新たな意味を見いだすのであれば、それはミメーシスとしての模倣となり、繰り返される稽古は常に新鮮で、新たな発見に満ちたものになるのである。

(3) 学びを支える「なぞり」と「かたどり」

行為のなかで自ら意味を創り出していくこと、すなわち意味生成の反復は、絶えず繰り返されるものであり、そのために自らを成長させる契機ともなる。ミメーシスにおける「伝承」と「創造」の関係は、文化の「なぞり」と「かたどり」の関係としても理解することができる[16]。「なぞり」とは他者の文化を模倣する活動を、「かたどり」とは自己の文化を構成する活動をそれぞれ意味しており、両者の関係については次のように説明される。

> 私たちは、学びの先達である他者の文化の「なぞり」を通して、混沌とした世界に自己の輪郭を「かたどり」、その自己の「かたどり」を基盤として他者の文化の「なぞり」を拡大し発展させている。なぞりながらかたどり、かたどりながらなぞる。この連続する螺旋状の円環運動こそ、私たちは「学び」と呼んでいるいとなみといってよいだろう[17]。

他者の文化をなぞることで新たな自己が生成され、その自己を基盤とすることで新たななぞりが可能となる。このように、ミメーシスとしての模倣は、新たな自己が生成されることにより、さらなる模倣が可能になるという終わりのない学びの営みなのである。

3 ── 教養としての身体文化

1．「教養」への着目

(1) 身体文化からみる教養

これまでみてきたように、身体文化は人間の日常生活から体育・スポーツ、

さらには人間形成へと、多様な領域にかかわっている。それは、身体をともなう場面においては、必然的に身体文化が存在することを示している。したがって、身体文化にかかわる教育的営みは、学校教育や体育の授業に限定されるものではなく、より広範な、開かれた場で展開される可能性を有している。そこで、ここでは学校教育に限定されない人間形成の機会を、「教養」という概念からとらえ直し、そこでの身体文化の教育可能性について言及してみたい。

　そもそも、教養という言葉の意味は広く、多義的であるため、まずはわが国における教養という言葉の意味について整理していく。教養とは辞書的定義では、①教え育てること。②学問・芸術などにより人間性・知性を磨き高めること。そして、その基礎となる文化的内容・知識・振舞い方などは時代や民族の文化理念の変遷に応じて異なるとされる[18]。そこでは、教養が教育的意味を帯びつつ、さらに学問・芸術などの多様な経験から人間性・知性を高めるものとしてとらえられているが、時代の変化に応じて変容することも指摘されている。

(2) 現代社会に求められる教養

　一方、教養は上記以外の意味でとらえられることもある。中央教育審議会による「新しい時代における教養教育の在り方について（答申）」では、新しい時代に求められる教養を、「変化の激しい社会にあって、地球規模の視野、歴史的な視点、多元的な視点で物事を考え、未知の事態や新しい状況に的確に対応していく力」[19]としている。そこからは、人間性・知性を高めるという基本的な理念を前提としつつも、現代社会の動向をふまえた新たな視点を見いだすことができる。

　これは、幅広い視野で物事を考え、未知のものに対して主体的にかかわることのできる力であり、言うなれば自分とは異なる他者とかかわることのできる力でもある。さらに、教養を形成するうえでは、礼儀・作法のように型から学び、身体感覚として身につけられる「修養的教養」は重要な意義をもっているとされる[20]。それは、他者とかかわる力を教養のひとつとしてとらえようとする現在だからこそ、その他者とかかわる身体の重要性をも示唆する指摘である。したがって、身体を用いて他者とかかわること、そしてそこでの経験を身体で理解できることが、教養の形成に必要とされているのである。

2．教養としての身体

(1) 教養と身体

　先に述べた通り、現在の教養には、言語的な知識の獲得のみならず、自己と異なる他者と出会うこと、さらには他者とかかわっていくための身体的行為までもが含まれている。たとえば、会話のリズムを察することや相手の表情を読み取ること、自己の気持ちを表現することなどは、身体感覚によって支えられている。このような身体の知的なはたらきは、「身体知」と呼ばれるが、その重要性もまた次のように指摘されている。

　　言語や書物を通じての知的訓練が、「教養」の中心として、今後も大事な位置を占めるにしても、こうした「身体知」の重要性を無視することは、おそらく許されない。この「身体知としての教養」を広い意味にとれば、呼吸法や正坐やスポーツにとどまらず、社会において人と人がかかわり、ともに何かを行なってゆく実践活動も、その内に含まれるだろう[21]。

　今日の教養は身体と切り離して議論することはできず、そこからは身体論の視座から教養のあり方を提示することもできよう。上記の指摘にみられるように、「社会において人と人がかかわり、ともに何かを行なってゆく」ことも教養のなかに位置づけられるのであれば、それは一定期間の教育によって成し遂げられるものではなく、生涯にわたって取り組まれるべき課題になりうるものである。よって、教養の涵養は生涯にわたる課題であり、その教養を身につける努力は、年齢や職業にかかわらず、すべての人に求められるのである。

(2) 教養と身体知

　他者の動きや姿に、身体感覚から共感し、その気持ちに寄り添うことは、言葉だけでは不十分であり、身体的な次元での理解、すなわち身体知が必要である。そこで、身体知を教養として重視する教育学者の齋藤孝の論考に着目したい。齋藤によれば、「『身体知としての教養』は、技にしていくプロセスとしての〈技化〉概念を中核とすべき」[22]とされる。この〈技化〉とは、特定のわざを身につけ、向上させていくプロセスが、ほかのわざを獲得する際にも有効となる普遍的な上達の論理を示している。たとえば、新しいわざを獲得する際、自分に不足している部分を補うために他者の動作を観察し、よい部分を真似し、盗もうと主体的に努力する。さらに、観察対象者の身体

感覚をとらえようと自らの身体感覚を活性化していく。この一連のプロセスを経て得られる力が、特定の領域のわざだけでなく、あらゆる場面においても活用できるようになることが、身体知としての教養の目指すところなのである。

他方、この上達の論理を身につけるうえで重要なのは、他者とのコミュニケーションである。すなわち、教養は個人の内面的なものとして完結するのではなく、「身体知としての教養」という観点から考えれば、身体と身体の間でのコミュニケーションの質が問われるのである[23]。そこでは、手本とする他者のわざの質を見極めることや、他者と自己の動きを比較し、その違いを省みるといった、身体的な次元でのコミュニケーションが重要となる。すなわち、身体知としての教養を磨くうえで、身体と身体の間で交わされるコミュニケーションは、欠くことのできない要素なのである。

(3) 自己と他者を結ぶ身体

他者の行為の意味を探るとき、あるいは自分の気持ちを他者に伝えようとするとき、そこでは常に身体が介在している。他者の身体から表現されるメッセージを正しく受け取り、自らもまた身体でその答えを表現する営みは、その社会の身体文化が理解されていなければできないことなのである。すなわち、身体的なコミュニケーションの向上には、身体技法の洗練化が不可欠なのである。身体の教養の問題は、実は身体技法の問題とも密接にかかわっているのである。

変化の著しい現代社会にあっては、教養を形成する際に、自己とは異なる他者と主体的にかかわり、絶えず自らを高めていくことが求められている。そしてそこには、自己と他者を結ぶメディア（媒体）としての身体が存在している。言いかえれば、身体のあり方が、他者とのコミュニケーションの質を左右するのである。現在の教養が、他者へとひらかれているなかで、他者に向けられる身体もまた、教養の形成に重要な役割を担っているのである。

本章では、身体文化の視点から身体への教育の可能性について言及してきた。そしてそれは、社会のなかで伝承される文化、模倣（ミメーシス）による身体の学び、現在的な教養概念など、多岐にわたるものであった。すなわち、身体が文化を獲得することは、単に動作が上達するという問題に止まるものではなく、より広い意味での、人間の成長へとつながっているのである。身体文化の教育は、日々、身体を使って生活する人間にとって、とても身近で日常的な教育のあり方なのである。

【引用文献】

1) 佐藤臣彦（1993）『身体教育を哲学する：体育哲学序説』北樹出版　p.276
2) M・モース（有地亨・山口俊夫訳）（1976）『社会学と人類学Ⅱ』弘文堂　p.121
3) 野村雅一（1991）「身体技法とスポーツ」『体育の科学』第41巻・第3号　p.216
4) 田井康雄（2005）「教育概念の分析」田井康雄・中戸義雄編『探求・教育原論：人間形成の解明と広がり』学術図書出版社　p.32
5) 前掲書1）　p.160
6) 服部豊示（2011）「体育とコミュニケーション」大橋道雄編『体育哲学原論：体育・スポーツの理解に向けて』不昧堂出版　p.177
7) 滝沢文雄（2002）「教科体育が担うべき身体文化の検討：しぐさを中心に」『体育・スポーツ哲学研究』第24巻・第2号　p.23
8) 前掲書3）　p.215
9) 前掲書2）　p.128
10) 佐藤学（1997）『学びの身体技法』太郎次郎社　p.90
11) 新村出編（2008）『広辞苑（第六版）』岩波書店　p.865
12) 西山松之助（1996）「近世芸道思想の特質とその展開」西山松之助・渡辺一郎・郡司正勝校注『近世芸道論　芸の思想・道の思想　6』岩波書店　pp.585-586
13) 同上書　p.592
14) 辻敦子（2009）「模倣の力」岡部美香編著『子どもと教育の未来を考える』北樹出版　pp.123-124
15) 同上書　p.130
16) 佐藤学（1999）『学びの快楽：ダイアローグへ』世織書房　p.70
17) 同上
18) 前掲書11）　p.740
19) 中央教育審議会「新しい時代における教養教育の在り方について（答申）」http://www.mext.go.jp/b_menu/shingi/chukyo/chukyo0/toushin/020203.htm（2018年2月28日閲覧）
20) 同上
21) 苅部直（2007）『日本の〈現代〉5　移りゆく「教養」』NTT出版　p.39
22) 齋藤孝（1999）「身体知としての教養（ビルドゥング）」『教育學研究』第66巻・第3号　p.291
23) 同上書　p.287

Column 身体を育み、心の花を咲かせよう

> 物数(ものかず)を窮(きわ)むる心、すなわち花の種なるべし。されば花を知らんと思はば、まづ種を知るべし。花は心、種はわざなるべし。
>
> 世阿弥(ぜあみ)（1363～1443）：能楽の大成者

　これは、室町時代に能楽を大成した世阿弥という人物が、『風姿花伝』という能楽の理論書に遺した言葉です。世阿弥は、自らの芸を磨くのみならず、それを後世に伝えるべく、多くの伝書を著した人物です。その功績(こうせき)は、およそ600年を経た今でも、芸道論、教育論、身体論などのテキストとして多くの人々に読み継がれていることからもうかがうことができるでしょう。

　さて、この言葉の意味ですが、まず「物数を窮むる心」とは、「わざを窮めようとする努力」を意味するとされています。よって、現代的な言い方にすれば、「わざをきわめようと努力する心が花の種になる。したがって、花を知ろうと思うのなら、まずその種を知るべきである。花は心、種はわざ、なのである」となるでしょう。

　ここで着目してほしいのは、「花」という言葉です。世阿弥の伝書において、花は、芸の境地を表す言葉として使用されています。よって、この言葉が教示するのは、わざをきわめようと努力することが種となり、それによって、花という境地が心に開かれる、というものです。それは、すでに本章でみてきた通り、身体のあり方を通して心を磨いていく、という思想に通じています。すなわち、身体の問題から心の問題へ、という思考の方向性は、わが国の伝統的な身心観（身体と心についての考え方）を反映しているのです。

　私たちは、体育・スポーツをはじめとするさまざまな文化、さらには毎日の生活のなかで、身体を用い、ときには幾度もの修練を実践しています。それは決して、身体の問題のみに止まってはいないはずです。そのときの経験や、そこで獲得された身体知は、その後の多様な場面において、自らの支えとなっていることでしょう。

　身体のあり方が、その人の心の形成に深く関与していることを知るとき、心の花を咲かせるためには、まずその種となる身体をどうするか、という問いは、今日の体育・スポーツにおいても重要な課題となるでしょう。なぜなら、どういう心を育みたいか、という問いは、どのような身体を育みたいかという問いへと連繋(れんけい)しているからです。世阿弥の言葉は、600年の時を経た今でも色褪せることなく、身体への関心を投げかけてくれるのです。

第5章 体育・スポーツ指導者

> **key point**
>
> 本章では、体育教師やスポーツ指導者に求められるちからについて、以下の3つの観点から考えてみましょう。そして最後に、体育・スポーツ指導者の新たな専門性として、身体の重要性を確認したいと思います。
> ①体育教師は児童・生徒に運動を教えることが仕事なのでしょうか？
> ②運動部活動の指導者はスポーツのコーチと同じなのでしょうか？
> ③彼らがそれぞれの指導を成功させるためには何が必要なのでしょうか？

1 —— 体育教師とは何をする人？

1．体育教師像の今と昔

(1) 「体操の先生」と呼ばれていた頃

　体育教師とは、一般的に、大学で体育・スポーツ科学に関する専攻を修め、教員免許状を取得し、それぞれの地方自治体や私立学校に採用された人のことである。そこには、中学校や高等学校の保健体育科の教員はもちろん、小学校において体育を専門とする教員も含まれる。ここではそのような制度的な内容ではなく、むしろ、体育教師の具体的な姿を考えていく。まずは、その歴史を概観してみる。

　体育教師は、その昔、「体操教師」と呼ばれていた。それは、現在の（保健）体育科が体操科として学校教育のなかに設置されていたからであり[*1]、そのため体育教師も、一般的に「体操の先生」と呼ばれていた。本章では、それらをまとめて体育教師として考えてみたい。

　では、昔の体育教師は、一体どのような存在だったのだろうか。昔といっても、明治時代より以前には、体育教師は存在しなかったと考えられる。なぜなら、1872（明治5）年に学制が始まり、今日と同じ学校教育が広まるまでは、私たちがイメージする体育の授業は行われていなかったからである。つまり、学校教育という制度が生まれて、初めて体育教師という存在が誕生したことになる。

　明治時代以降、学校に体育という授業が設けられたことには、当時の富国

*1 第1章第3節（p.20～）を参照。

強兵政策が深くかかわっている。そこでの体育教師の仕事は、〈強い国民〉、より正確に言えば〈強い兵隊〉を育成することであった。太平洋戦争中の1941（昭和16）年に教科名称が「体錬科」に変更されたことは、そのことを顕著に示している[1]。そこでは、児童・生徒の身体を育てるのではなく、兵隊にするために鍛錬することが求められたのである。そのため、明治期から太平洋戦争の前後にかけて、体育教師は軍人的な存在としてとらえられるようになっていった。

(2) 軍人的体育教師からコーチ的体育教師へ

　この軍人的な体育教師像は、軍隊を退役した人が体育教師になったことと関連している。実際、戦前では軍隊経験者を優遇して体育教師に採用していたようである[2]。軍隊経験をもつ体育教師は、軍隊の規律や秩序をそのまま体育授業や学校教育に持ち込んだと考えられる。たとえば、一糸乱れぬ整列や行進、大きな声の返事などは、まさに軍隊を思わせるものである。このような軍人的体育教師は、戦前・戦中を通して、わが国における体育教師像として確立された。

　しかし、日本は終戦を機に、アメリカの主導によって学校教育全体から軍国主義的なものを排除し、かわりに民主主義的な方向へ大きく舵をきっていった。そこでは、「軍事色をもつ教材は除去され、武道は休止され、一方、遊戯やスポーツが奨励された」[3]のである。もちろん、体育教師もこれと無関係ではなかった。それまで、軍隊的な規律や秩序に基づいて〈強い兵隊〉の育成に励んできた軍人的体育教師は、その基本的な価値観を否定され、新たな教育観に従うことを求められるようになったのである。

　それを象徴したのが、体育授業へのスポーツの積極的な導入である。戦中、野球の「ストライク」を「よし」といったように外来語が禁止されたり、またそもそもスポーツそのものを行うことが禁止されたりしていた。なぜなら、スポーツは欧米文化の象徴だったからである。したがって、戦後そのスポーツを積極的に体育授業に取り入れることは、日本の教育を民主化するためのひとつの具体的な方法だったのである。そして、そのように体育授業にスポーツが積極的に取り入れられたことにともなって、体育教師は軍人的な存在からスポーツのコーチ的な存在へと大きく変化していった。では、そのコーチ的な体育教師像とは、どのようなものだったのであろうか。

2. 体育教師はスポーツを教えることが仕事なのか

(1) コーチ的体育教師像

体育の授業でサッカーやバスケットボールなどのスポーツが中心的な教材として扱われるようになると、体育教師に求められる役割にも大きな変化が生じた。国民を屈強な兵隊に育てることは求められなくなり、かわりにスポーツという欧米が作り出した文化を用いて民主的な国民を育てることが求められるようになったのである。少し想像してみてほしいのだが、そのときの体育教師の立場は極めて難しいものであったと考えられる。なぜなら、昨日まで権威的な軍人的存在として厳しく児童・生徒の指導にあたっていた人が、次の日からは民主主義的な価値観に基づいて児童・生徒に接しなければならないという事態は、当時の体育教師にとって大きな困難として立ちはだかったと考えられるからである。

もちろん、そのような体育教師の軍隊的な価値観を短期間に根本から変えることは、容易ではなかった。そのため、当時の体育教師がまず行ったことは、民主的とされるスポーツそのものを、特にその技術を指導することであった。そしてここに、体育教師がコーチ的な存在として現れることになる。21世紀の今日においても、スポーツは学校体育の中心的な教材として広く普及し続けている。したがって、このコーチ的な体育教師像は、いまだに学校現場に根強く残っていると考えられる。たとえば、バスケットボールのシュートを教え、ハードル走を教え、クロールを教える。このようなスポーツの技術を指導する人というイメージを、私たちの社会は体育教師に対してもっているであろう。

(2) 〈体育≠スポーツ〉と体育教師

しかし、ここで一度立ち止まって考えてみたい。そもそも、体育教師はスポーツのコーチなのだろうか。体育教師の仕事は、スポーツのコーチと同じなのだろうか。もちろん、第1章でも示されたように、体育とスポーツは異なる概念である。したがって、体育教師がスポーツのコーチ的な存在であることは、必ずしも望ましいことではない。なぜなら、体育を担う教師としての役割と、スポーツのコーチとしての役割が混同される可能性があるからである。このことは、体育概念とスポーツ概念の混同から派生した問題[*2]とも考えられる。ここでは、体育教師の仕事とは一体何なのかを考えてみたい。

読者のみなさんは、体育教師の仕事と聞いて何を思い浮かべるだろうか。もちろん、体育の授業を行うことや学級の担任をすることである。また場合

*2
体育はPhysical Educationの訳語であり、スポーツ（Sport）とは別の概念である。しかし、たとえば体育の日の英訳がHealth and Sports Dayであったり、また国民体育大会がNational Sports Festivalであったりするように、一般的には体育とスポーツの違いが必ずしも自覚されていない現状がある。

によっては、運動部活動の指導や運動会・体育祭の運営を行うことかもしれない。さらには、いわゆる生徒指導を担うことかもしれない。ここで特に考えてみたいことは、体育教師〈ならでは〉の仕事である。より具体的に言えば、体育教師〈にしかできない〉仕事である。このことを、一般的には「専門性」と呼んでいる。

体育教師の仕事は、体育の授業でスポーツを教えることであると一般的には考えられている。跳び箱やハードル、またサッカーやダンスを教えてくれるのが、体育教師だと思われているのである。しかし、それではスポーツの技術を教える人が体育教師なのだろうか。だとすれば、プロスポーツのコーチと体育教師の仕事とは、一体何が違うのだろうか。この問いは重要である。なぜなら、もし体育教師の仕事が単にスポーツを中心とする運動技術を教えることだけにあるのならば、それぞれの競技を専門とするコーチを連れてくれば、体育教師は特にいなくてもよいことになってしまうからである。

3．体育教師の専門性を考える

(1) 数値で分析される体育教師

このような問題を前にして、これまでの体育教師論はその専門性を示すために、さまざまな議論を展開してきた。もちろん、スポーツを含む身体運動やその技術を正しく理解していることは体育教師にとって不可欠であるし、また児童・生徒と親和的な関係を築くことも重要である。さらに言えば、ある運動技術ができない児童・生徒をできるようにさせることも、体育教師の大切な仕事である。このように、体育教師の専門性は決してひとつに集約できるものではない。

そのようななかで、たとえば体育科教育学の代表的研究者である高橋健夫は、体育教師の専門性として「４大教師行動」[*3]を挙げている[5)]。これらはいずれも、体育授業を円滑に進めるために必要とされる指導技術といえる。そして、それらは実証科学的な観察方法によって数値化してとらえることが可能である。今日の体育教師論において、体育教師は数値で分析することのできる対象になっている。

自然科学をモデルとしたこのような数値を重視する体育教師論は、体育教師と児童・生徒を因果関係として量的にとらえている。たとえば、体育教師がどのような指導言語を発すると児童・生徒の授業評価が高まるのか、といった分析が行われている。そこから導き出された〈優れた〉指導技術は、〈誰にでもできる〉ように標準化されることになる。つまり、今日の体育教師論

＊３　４大教師行動
４大教師行動とは、①説明や指示等のインストラクション、②隊列やグルーピングを行うマネジメント、③一般的に巡視と呼ばれるような観察行動であるモニタリング、④教師と児童・生徒との間で交わされる発問やフィードバック等のインタラクション、のことを指している[4)]。

では、いつ、どこで、誰が行ってもある程度うまくいく指導技術が探求されているのである。しかし裏を返せば、そのように標準化された指導技術は、同時に、それを実践するのは〈誰でもよい〉という状況を生み出すことにもつながりかねない。

(2) 授業は同じことの繰り返し？：いま・ここ・わたし

　そのような〈誰でもよい〉状況は、一人ひとりの体育教師の存在意義を見えにくくしてしまう。しかし、それでは個々の体育教師が児童・生徒の前に立つ意味はないのだろうか。体育教師である〈わたし〉がこの子どもたちの前に存在する意味は一体何なのだろうか。この問いに直面したとき、体育教師は自らの存在意義を見失ったり、自らの仕事にやりがいを感じることができなくなったりするかもしれない。このような状態は、燃え尽き＝バーンアウトといわれる現象である。

　しかし、ここで少し考えてみたいのは、現実の授業を実践している多くの体育教師は、本当にそのような〈誰でもよい〉状況に陥っているのかという問題である。もちろん、答えは「No」である。なぜなら、どれだけ科学的に標準化された〈優れた〉指導技術を用いても、それを用いる体育教師が異なれば、またそれを受ける児童・生徒が異なれば、そこに現れる結果はまったく違ったものになることが容易に想像できるからである。「この間はうまくいったのに今回はうまくいかなかった」という授業実践の感想は、教師であれば誰もが一度は感じたことがある。そして、この誰もが感じることのなかに重要なことが隠されている。

　優れた体育教師は、たとえ以前と同じ単元や教材を扱う際にも、そのときのさまざまな状況を考慮した指導を実践することができる。その状況には、児童・生徒の技能はもちろんのこと、それだけでなく、クラス全体の雰囲気や一人ひとりの児童・生徒のその日の気分や体調などの事柄までもが含まれている。そのような数値に表すことのできないささいな違いを、体育教師は読み取らなければならない。それを読み取れるか否かが、その体育教師と児童・生徒との言葉にできない根源的な関係を築けるかを左右するのであり、そしてその関係が、授業そのものの成否を左右することになるのである。

　体育教師は日々、または毎年、同じ単元や教材を扱いながらも、以前とは異なる新たな思考と行動によって授業を実践しなければならない。たとえ同じ指導技術を用いても、それを用いる体育教師によって異なる結果が現れるように、一人ひとりの体育教師は意図せずとも個性を発揮している。そしてその個性にこそ、個々の体育教師の存在意義があるといえる。その存在意義

を明確にするためにも、体育教師である〈わたし〉は、目の前の児童・生徒とともに、〈いま〉、〈ここ〉を懸命に生きなければならない。それは、日々少しずつ、しかし確実に変わっていく子どもたちのあり方を見つけていくことにつながっている。このことを陰で支えているのが、第3節で述べる体育教師の身体である。

2 ── 運動部活動の指導者論

1．教育とスポーツのあいだ

　体育教師と密接な関係にある存在として、運動部活動の指導者を挙げることができる。体育教師と運動部活動の指導者の両者が、学校という組織のなかで類似した役割を担っていること自体が、日本の特殊なスポーツ環境を反映している[6]。たとえば、運動部活動の試合に学校の顧問教諭が引率しなければならないことは、スポーツと学校教育との密接な関係を象徴している。

　運動部活動の指導者は、学校教育の一環として運動部の指導をしつつ、同時にスポーツそのものの技能向上を目指した指導も行っている。たとえば、多くの場合、運動部活動において教師が指導するのは学校の生徒である。しかし同時に、その生徒が参加する大会は、地域の大会にとどまらず全国大会やさらにはその先の国際大会にまでつながっている。実際、今日ではティーンエイジャーを対象とした国際大会がますます拡大されている。しかし、そのような競技の場は純粋に競技力を競う場であり、したがってそこに生徒を育てようとする教育的な意図は必ずしも必要ないのである。

　それゆえ運動部活動の指導者は、学校教育における教師の役割と、競技スポーツにおけるコーチの役割という両方を、その中間において担うという難しい位置に立っていることになる。この点が、運動部活動の指導者を考える際に不可欠となる。たとえば、ケガをしている生徒＝選手がいた場合、その生徒の将来を考慮して試合に出場させないのか、それともチームの勝利を優先して出場させるのか。特に、その試合の勝敗が全国大会などのより大きな舞台への出場を決めるような場合、運動部の指導者の判断はその重要性と責任を増すことになるだろう。運動部活動が学校教育の一環であるかぎり、それが単なる競技スポーツ活動にならないためには一体何が必要なのかを、私たちは考え続けなければならないのである。

2．なぜ勝ちたいのか？

(1) 〈勝ちたい〉という欲望の必然性

なぜ多くの運動部活動の指導者は、休日を返上してまで指導を行い、ときには体罰を行使してまで、勝つことにこだわるのであろうか。言いかえれば、なぜそれほどまでに勝ちたいのだろうか。このことを考えるために、スポーツにおいて勝つことがどのような意味をもつのかを検討してみる。

スポーツ倫理学が教えるところによると、競技スポーツにおいて選手が勝利を目指すことは、そのスポーツが成立するために不可欠である[7]。たとえば、バスケットボールの試合が始まった途端に選手全員がコートに座り込んでしまったとする。選手たちはルールに違反しているわけではないので、審判もそれをとがめることはできない。しかし、それではバスケットボールのゲームが成立しないことは明らかだろう。つまり、選手は技能や能力の問題とはまったく無関係に、まずなによりも勝つことを目指してプレーしなければならないのである。

この意味において、競技スポーツに参加する以上、そこで選手は勝つことを目指さなければならない。そして、このことは選手だけでなく指導者にも当てはまる。もし指導者が勝つことを目指さず、逆に選手やチームが負けるように行動したとすれば、それはやはり、そのゲームを破壊することになるであろう。それゆえ、この勝ちたいという欲望は、選手のみならず指導者にも共有されているのである。

(2) 〈勝ちたい〉という欲望の正体

このように、競技スポーツにかかわっている運動部活動の指導者は、勝利への欲望を必然的にもっている。そうでなければ、そもそも競技スポーツという場に参加することができないからである。それゆえ、ここで問題になることは、運動部活動の指導者がその欲望とどのように向き合っていくべきかを考えることである。

そもそも、私たちはなぜこの勝ちたいという欲望をもってしまうのだろうか。そのことを理解するためには、欲望の模倣的な性質に着目することが必要である。人類学をベースに暴力や宗教を論じたジラール（R. Girard）によれば、私たちの欲望は誰かほかの人の欲望の模倣として存在する。彼はそれを「三角形的欲望」と呼ぶ[8]。つまり、運動部活動の指導者は、本人が勝利を自律的に欲しているわけではなく、むしろほかの指導者がもつ勝利への欲望を模倣して欲望しているのである（図5－1）。このことは、たとえば

図5-1　三角形的欲望

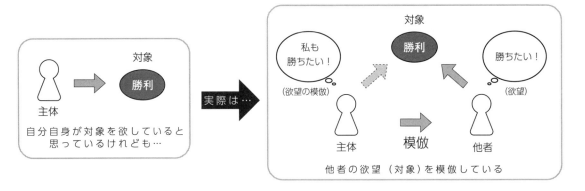

ほかの指導者が一人もいない状況を想定してみれば、明らかであろう。そこには指導者同士の競争は生まれず、したがって〈勝ちたい〉という欲望自体が成立しないのである。

そして、この三角形的欲望の問題は、指導者本人には自分が誰かの欲望を模倣しているという自覚がない点にある。つまり、指導者本人は純粋に勝利を望んでいる、もしくは選手たちを勝たせてやりたいと思って（思い込んで）いるのである。しかし、実際には、その根底には勝利への三角形的欲望が存在しており、指導者自身はその存在に気づいていないだけなのである。

3．指導者に求められるインテグリティ

(1) 三角形的欲望が生みだす行き過ぎた指導

前項でみたように、運動部活動の指導者は、ほかの多くの指導者の勝ちたいという欲望を無自覚のうちに模倣し、自身の勝利への欲望を形成している。ジラールによれば、欲望の主体と媒体、すなわちある指導者とほかの指導者との精神的な距離が近くなればなるほど、欲望は強さを増していくという[9]。そして、その欲望の強まりは際限なく続き、結果として指導者は正常な判断力を麻痺させることになる。この判断力の麻痺が、体罰に代表される運動部活動における指導者の行き過ぎた指導の原因であると考えられる。

最初は選手の成長のために指導していた指導者も、無自覚のうちに三角形的欲望の渦に巻き込まれ、気づいたときには、体罰や暴言を選手に浴びせ、ただ自らの勝ちたいという欲望に翻弄される存在になってしまう。このことは、選手のことをあたかも駒のように扱い、ケガをすれば「あいつはもう使えない」と言ってしまう指導者が少なからず存在することからも明らかであろう。このように、勝ちたい欲望の過剰な強まりは、行き過ぎた指導を導く

要因となりうるのである。

(2) スポーツの論理を停止する勇気

　以上のような問題は、運動部活動を含むスポーツ活動全般において、その教育的な価値や意義を著しく低下させることにつながる。だからこそスポーツにかかわる私たちは、そのような問題に向き合い、その解決策を考えていかなければならないだろう。それは、今日盛んに議論されているインテグリティ（誠実性・健全性・高潔性）を、スポーツの場において守り、構築していくことを意味している。

　すでに述べたように、競技スポーツにおいて勝利を欲望することは絶対的に必要である。しかし同時に、その勝利への欲望は際限なく強まる可能性があり、その過剰な強まりは行き過ぎた指導を導く恐れがある。このことは、「より速く、より高く、より強く」*4 という有名な言葉に表されるように、競技スポーツにかかわる人にとって、ひとつの宿命のようなものといってもよいであろう。

　したがって、運動部活動の指導者に求められるインテグリティのひとつの具体的なあり方は、「より速く、より高く、より強く」というスポーツの論理を、いったん停止する勇気であると考えられる。競技スポーツにおいて、勝利への欲望をもたない選手は恐らく存在しない。だとすれば、その欲望の過度な強まりにブレーキをかけられるのは、指導者しかいないのではないだろうか。極端に言えば、「全国大会に出られなくても、たいしたことないじゃないかぁ」と、選手に言えるかどうかが試されているのである。スポーツという文化は、決してそのような範囲に収まらない価値と意義を有しているはずである。また、中学校や高等学校における「引退」という文化も、それはひとつの幻想でしかなく、スポーツは生涯にわたってさまざまな人と楽しみ面白がっていくことができる素晴らしい文化だと、指導者自身が実感をともなって思えるかどうかが重要である。運動部活動の指導者には、そのような価値観〈も〉もっていることが求められているのではないだろうか。

　運動部活動の指導者がこのような勇気とともにスポーツと向き合うことは、勝ちたいという欲望を否定することではない。そうではなく、指導者自身や選手がもつそのような欲望から一歩身を引き、少し離れたところからその欲望のありようをじっと見つめられるようになることである。この距離を保つことは、指導者の冷静な判断を背景で支えるだろう。たとえば、運動部活動の典型的な問題である体罰や暴言は、この距離を保つことができなかった例といえる。だからこそ、運動部活動の指導者にとっては、この距離を保ち続

*4
このスローガンは、オリンピック憲章にもそのモットーとして明記されている。これはオリンピックにかかわる人びとのさまざまな努力や研鑽を求めるものである。しかし、それがオリンピックの枠を超えて、競技スポーツ全般を貫く論理になっていることもまた事実である[10]。

ける勇気が必要であり、それこそが、スポーツ・インテグリティのひとつの具体的なあり方であろう。

3 ── 体育・スポーツ指導者の身体を育てる

1．なぜ、身体なのか

　ここまで体育教師と運動部活動の指導者について、それぞれをより深く考えていくための論点を確認してきた。本章の最後に、その両方に共通する新たな論点を紹介したい。それが、体育・スポーツ指導者の身体である。

　ここでいう身体は、モノとして数値で測ることのできる肉体とは区別している。この身体について独自の議論を展開した哲学者に、メルロ＝ポンティ（M. Merleau-Ponty）がいる。彼の身体論を一言で言えば、それは「I have a body」ではなく「I am a body」であることを強調したものといえる。すなわち、身体は心の入れモノではなく、〈わたし〉そのものなのである。たとえば、私たちが成長の過程で心というものをもち、さまざまな事柄を意識するようになるはるか以前から、私たちの身体は豊かな経験をしている。つまり、私たちは身体としてこの世界に生き、他者とかかわっているのである。

　メルロ＝ポンティは、科学によって数値化された世界を客観的世界と呼び、その根底に「生きられた世界」があることを指摘する[11]。たとえば、私たちは春に咲く美しい花を見て「桜だ」と言うが、そもそも「桜」という言葉を知り、その言葉を使うようになる前に、常にすでに〈それ〉を見て経験している。重要なことは、その経験が決して自覚的に心によってなされたものではなく、むしろ無自覚のうちに身体によってなされていたという事実である。

　このように考えると、生きられた世界のレベルにおいて、体育・スポーツ指導者と児童・生徒との関係を担っているのは、心でも意識でもなく、身体であるということがわかる。つまり、数値で示される体育・スポーツ指導者と児童・生徒との関係の基盤に、より根源的なかかわりが想定されるのである。そうすることによって、たとえばなぜ同じ指導技術を用いても異なる結果がでてしまうのか、またなぜ同じ指導言語を用いても児童・生徒の反応が異なるのか、といった問いの答えを探求することが可能となるであろう。そして、そこで鍵になるのが、体育・スポーツ指導者の身体なのである。

2．身体としての体育・スポーツ指導者

(1) 体育・スポーツ指導者らしさ

　体育教師像の議論でみたように、体育教師やスポーツ指導者に対しては、社会からある一定のイメージが付与されている。それは、〈体育・スポーツ指導者らしさ〉と呼びうるものである。たとえば、スポーツマン的な人で、元気があり、声が大きく、さわやかなイメージかもしれないし、反対に、厳しく、怖く、言動が粗野で感情の起伏が激しいといったイメージかもしれない。

　これらのイメージは、体育・スポーツ指導者の身振りやしぐさといった、日常の何気ない言動に基づいて形成されている。それらは、彼らの無意識の動作のうちに現われるものである。したがって、それは言葉で知識として教わり、身につけられたものではない。むしろ、無意識のうちに、習慣として身体によって学ばれたものである。つまり、体育・スポーツ指導者らしさは身体的なものなのである。

　この体育・スポーツ指導者らしさは、運動部活動での経験を通して、いわば自然と身につけられている。そのことを証明するように、体育・スポーツ指導者らしさを身につけた数学教師や理科教師は確実に存在しているし、また反対に、体育の授業を受けた人全員がその〈らしさ〉を身につけているわけでもない。

　このような身体的な事柄は、これまで非言語的コミュニケーションとして扱われてきた。それは、場合によっては指導者が話す内容よりも、はるかに強い影響を児童・生徒に与えている可能性がある。つまり、この〈らしさ〉を担う身体こそが、体育の授業においても運動部活動の指導においても、指導者と児童・生徒との根源的なかかわりを担っているのである。したがって、体育・スポーツ指導者が身体としてどのように児童・生徒の前に立っているのかは、指導そのものを支える重要な事柄なのである。

(2) 身体的能力としての発話

　そのような非言語的な身体のはたらきだけでなく、メルロ＝ポンティは、私たちがことばを発するという行為までも、身体的な事象としてとらえている。彼によれば、発話という行為の本質は、頭のなかで考えたことを音にすることではなく、むしろ、発話が私たちの思考そのものであるという点にある[12]。確かに、私たちが夢中になっておしゃべりをしているとき、そこで話される一語一語をあらかじめ頭のなかで考えているわけではない。そうでは

なく、私たちは話すことによって自らの考えを作り上げているのである。

では、体育・スポーツ指導者の発話を、このように身体的行為としてとらえることによって、一体どのようなことがみえてくるのだろうか。それは、指導者と児童・生徒とのやりとりそのものが、身体的なかかわりであることを明らかにする。指導言語についての常識的な理解では、指導者の頭のなかにある何かを発話し、それを児童・生徒が聞いて理解するという図式が前提とされてきた。もちろん、指導言語の内容は、体育・スポーツ指導にとって不可欠の重要な事柄である。しかし、私たちが目を向けなければならないのは、その言葉の意味の伝達と同時に、身体的な行為として指導者と児童・生徒とのかかわりが生まれていることである。このことは、同じ言葉で同じ内容を説明されても、ある指導者に言われると納得できなかったが、ほかの指導者に言われたときにはすっと腑に落ちたような感覚が証明してくれるだろう。

このような現象を、演出家の竹内敏晴はことばが人に〈ふれる〉と表現している[13]。この表現が示すように、指導者の発話が児童・生徒に伝わるか否かを決めるのは、その指導者が身体としてどのようにそこに立っているかという点なのである。したがって、体育・スポーツ指導者は、自らの身体のあり方を見つめ直すとともに、どのような身体を目指すべきなのかを探り続けなければならないであろう。

【引用文献】
1) 室星隆吾（1988）「体錬科の登場」成田成十郎編『スポーツと教育の歴史』不昧堂出版 p.114
2) 大熊廣明（1988）「体操科教員の養成」成田成十郎編『スポーツと教育の歴史』不昧堂出版 p.86
3) 前田幹夫（1988）「第二次大戦後日本の体育・スポーツの改革と展開：戦時体育の払拭」成田成十郎編『スポーツと教育の歴史』不昧堂出版 p.127
4) 高橋健夫・中井隆司（2003）「教師の相互作用行動を観察する」高橋健夫編著『体育授業を観察評価する：授業改善のためのオーセンティック・アセスメント』明和出版 p.49
5) 髙橋健夫・岡出美則・友添秀則・岩田靖編著（2010）『新版 体育科教育学入門』大修館書店 p.53
6) 中澤篤史（2014）『運動部活動の戦後と現在：なぜスポーツは学校教育に結び付けられるのか』青弓社
7) 川谷茂樹（2005）『スポーツ倫理学講義』ナカニシヤ出版 pp.69-104
8) ルネ・ジラール（古田幸男訳）（1971）『欲望の現象学：ロマンティークの虚偽とロマネスクの真実』法政大学出版局

9）同上書　p.111
10）日本オリンピック委員会（1996）「オリンピック憲章」
　　https://www.joc.or.jp/olympism/charter/mokuji.html（2017年1月10日閲覧）
11）モーリス・メルロ＝ポンティ（竹内芳郎・小木貞孝訳）（1967）『知覚の現象学Ⅰ』
　　みすず書房　p.110
12）同上書　pp.295-296
13）竹内敏晴（1988）『ことばが劈かれるとき』筑摩書房　p.150

【参考文献】
久保正秋（1998）『コーチング論序説：運動部活動における「指導」概念の研究』不昧堂
　出版
坂本拓弥（2013）「『体育教師らしさ』を担う身体文化の形成過程:体育教師の身体論序説」
　『体育学研究』第58巻・第2号　pp.505-521
竹内敏晴（1999）『教師のためのからだとことば考』筑摩書房

Column 普通の毎日こそが面白い!?

> 真の哲学とは、世界を見ることを学び直すこと
> モーリス・メルロ＝ポンティ（1908〜1961）：フランスの哲学者

　この言葉は、私たち体育・スポーツ指導者が日々の指導実践を豊かにするために、「哲学」が不可欠であることを示していると思います。この言葉が示しているのは、私たちが体育・スポーツ指導を学び、実践し、そして考えるとき、常にもっているべき姿勢だということもできるでしょう。たとえば、過去に学習した指導法をいくら実践しても上手くいかないときは、思い切って発想を変えてみることが必要でしょう。また、本章でも述べたように、体育教師が毎年同じ授業を繰り返しているだけの存在にならないためには、常に目の前にいる児童・生徒を見つめ、彼／彼女たちが、今、この授業をどのように生きているのかをとらえ直し続ける必要があります。そして、それらは例外なく、体育・スポーツ指導者の目の前で、当たり前のように毎日起きていることなのです。したがって大切なことは、そのように日常的に起きていることを、どうしたら違うように見えるようになるかを探求することではないでしょうか。

　これは簡単なことではないかもしれません。しかし、だからこそ面白いと思うのです。むしろ、そのような日常の当たり前の連続のなかに、新しい面白さを見つけることができなければ、体育やスポーツ教育、ひいては教育という営みは、一体どこにその面白さがあるのでしょうか。

　たとえば、昨日も今日も、50m走のタイムはそこまで変わらないかもしれません。しかし、その50mを必死に走り、その50mを懸命に生きている児童・生徒は、きっと昨日の彼/彼女とは違う存在になっているはずです。そして、体育教師やスポーツ指導者は、そのささいな違いやわずかな変化に、「面白さ」を見つけなければなりません。

　そのような小さな、けれども大切なことを、どれだけ見つけられる（＝感じられる）ようになれるか。これが、体育・スポーツ指導者に求められる力だと思います。その力は、体育・スポーツ指導者が「世界を見ること学び直すこと」です。そのようにして私たちは、「真の哲学」をしていることになるのではないでしょうか。現実に生きる私たちのリアリティを掘り出すことも、哲学の大事な仕事だということです。学校体育やスポーツ教育の現場に、体育・スポーツを「哲学する」先生が、一人でも多く生まれることを心から願っています。

第6章 スポーツ指導の問題性

> **key point**
>
> 本章では、スポーツ指導の問題性として、具体的には体罰・暴力問題を取り上げます。また、それに付随するスポーツ科学の問題なども適宜取り上げながら議論を進めます。本章を読み進めるうえでのポイントは以下の2点です。
> ① 善悪という価値基準にとらわれることなく、現実の問題を直視する態度で読み進めよう。
> ② どうして体罰・暴力が起きるのか？ 体罰・暴力が発生する意味は何なのか？ について考えてみよう。

1 ── 体罰・暴力問題を考える

　本章では、体罰と暴力の間に明確な概念規定を設けることはしない。体罰と暴力の間には、明確な概念的区別がなされるべきだということをしばしば耳にする。しかし、ある選手はある行為を体罰として受け取るが、ほかの選手にとってそれは暴力であったりする。また、第三者から見ればどう見ても暴力沙汰としか思えない指導者の暴行を、愛の証として選手が受け取る場合もある。現実は複雑であり、概念整理というものさしをあてたところで問題の解決にはつながらないと考えられる。本章では、現実の複雑性・曖昧性をそのまま議論の俎上に載せるために「体罰・暴力」という表記を採用する。
　ちなみに、文部科学省は、体罰と懲戒を区別し、体罰は「身体に対する侵害を内容とするもの」で、懲戒は「肉体的苦痛を伴わない」ものであるとし、それぞれに該当する行為の具体例をいくつか示している。しかし、個別の事案が体罰に該当するかどうかは「個々の事案ごとに判断する必要がある」とあらかじめ注意を投げかけている[*1]。

1．考え方の作法

(1) 経験の絶対化を超えて

　本章に対して、「どうしてスポーツ指導について教えられなければいけな

[*1] 文部科学省ホームページ「学校教育法第11条に規定する児童生徒の懲戒・体罰等に関する参考事例」（http://www.mext.go.jp/a_menu/shotou/seitoshidou/1331908.htm）

いのか」と疑問あるいは不満を抱いている方がいるかもしれない。その疑問や不満は確かにある程度理解できる。なぜなら、スポーツ経験さえあれば、スポーツ指導はできると考えられるからである。しかし、自分の経験だけに基づくのは非常に危険なことである。それは、「経験の絶対化」といわれるもので、自分の経験がすべてなのだと勘違いしてしまうことを意味する。「経験の絶対化」による指導のために、スポーツの現場では多くの問題が起きている。その代表的なものが体罰・暴力問題である。これは古くて新しい根深い問題で、いまだ解決されていない。本章は、体罰・暴力問題を入口として、スポーツ指導の問題性について考えてみたい。

(2) 善悪を超えて

あなたは、体罰・暴力について、どのような意見をもっているだろうか。おそらく、「体罰はいけない」「いかなる場合でも体罰は暴力であり許せない」、または、「必要なときの体罰はやむをえない」「殴ることは指導の熱意の現われだ」といったところではないだろうか。そして各種のメディアも、多くの場合、こうした言い方で体罰・暴力問題を報道している。これらの意見は、どれが正しいのだろうか。しかし、基本的に哲学では、善悪という二項対立的な考え方をしない。なぜなら、善悪を価値基準にして話を始めてしまうと、ほとんどの場合、意見が対立して収拾がつかなくなるからである。では、善悪という基準を設けずに、体罰・暴力問題に対してどのような議論を企てることができるのであろうか。

(3) 現実を直視する姿勢

多くの場合、善悪を決する前に、現象そのもの（ここでは体罰・暴力）についての理解が十分になされていないことがある。しかし、よく考えてみれば、体罰・暴力という現象がいかなるものなのかがはっきりしない限り、善悪などは語れないはずである。ここでは善悪という基準から離れて、スポーツ指導の現実を直視し、どうして体罰・暴力が起きてしまうのかを批判的に分析し、体罰・暴力問題を乗り越えるためのスポーツ指導のあり方を考えてみる。

2．「言説分析」という方法

(1) 身近な言説/言説の身近さ

批判的に分析するためにはまず、今までの「言説」を振り返ることが必要

となる。言説とは、簡単に言えば、「言われたこと・書かれたこと」という意味である。言説は、実はこの世の中を強力にかたちづくっている。たとえば、スポーツニュースもひとつの言説である。「プロ野球セ・パ交流戦」などといわれ、セ・リーグとパ・リーグがまるで対決をしているかのように報道され、人々は「今年のセ・リーグはダメだった」などと話をする。しかし果たして、試合を行っている選手たちは、対決などという意識を本当にもっているのだろうか。もちろん真相はわからないが、とにかく、言説はそのようにして私たちの生活に滲みこんでおり、私たちの思考にまで影響を及ぼしている。

(2) 体罰・暴力問題に関する言説

　体罰・暴力問題について、どのような言説があるのだろうか。体罰・暴力問題の原因として、これまで、「指導者の怒り」[1]「勝利至上主義」[2]「軍隊の名残」[3]「日本的な人間関係」[4]「愛の鞭」などがいわれている。しかし、それらが本当に体罰・暴力の原因なのであろうか。批判的な分析とは、あらゆることを疑い、問い直すことであり、従来とは異なる視点やさまざまな角度からものごとを眺めてみようとする態度を意味している。

(3) 言説を批判的に検討する

　「指導者の怒り」について考えてみる。指導者の怒りが体罰・暴力の原因という考えが正しければ、怒りをおさえれば体罰・暴力は解決するということになる。しかし、それは指導者にとっていささか厳しい要求である。うまくやらない選手がいれば、まったく腹が立たないということはないだろう。それは人間の自然な心の動きである。むしろ、無理に怒りを抑えようとしたら、指導者は精神的に追い込まれ、それが原因となり体罰・暴力を行うかもしれない。

　「愛の鞭論」はどうであろうか。これは非常に根深い考え方として、今でもスポーツ指導のなかで幅をきかせている。しかし、愛とはいったい何か。それが暴力につながるというのはどういうことか。したがって、「愛とは何か」を問わなければならないことになるが、それは極めて哲学的な問題で、ここでは扱いきれない問題である。今のところは、愛という言葉を簡単にもち出すことはできないということを理解しておいてほしい。

　「日本的な人間関係」が原因という議論は極端なものである。なぜなら、これは、「日本だから体罰・暴力が起きる」と言っているのであって、理屈として考えれば、体罰・暴力をなくすためには、日本ではスポーツをやめな

ければならないという結論につながる。「日本的」という視点はたしかに重要であるが、その重要性を指摘するなら、「日本的」ということに関する踏み込んだ議論がまず必要である。

　「勝利至上主義」とは、スポーツの勝ち負け以外に、学校の名声や金銭を目当てにスポーツを行う姿勢のことを意味している。これに似た用語として「勝利主義」という用語があるが、これは純粋に勝利を目指すという意味である。しかし、いずれにせよ、スポーツが勝利を目指すということに体罰・暴力問題の原因があるならば、またしても私たちはスポーツをやめなければならないことになるであろう。

　「軍隊の名残」だという言説は、戦後約70年経った現代において、これはもう言い古されてしまった言説であり、実証的にも明らかにされていない。

　簡単にこれまでの言説を批判的に検討してみたが、ここからはあらためて、体罰・暴力がなぜ起きるのかを考えてみたい。その際にポイントとなるのが、体罰・暴力は指導者と選手の関係性において発生しているということである。指導者と選手の関係性に着目すると、必然的にスポーツ集団はどのような人間関係になっているのかということが問題となり、その人間関係のなかに体罰・暴力の「契機」*2 を探っていくことが必要となる。

*2　契機
契機とは英語でmomentと言い、ある現象を現象せしめる要因といった意味である。

3．体罰・暴力のメカニズム

(1)　スポーツ集団内の人間関係

　前述のポイントに基づきながら、スポーツ集団の構造について考えてみよう。スポーツ集団の人間関係を考えるときに重要な人物として、精神分析の創始者フロイト（S. Freud）がいる。フロイトの集団心理学を参照すると、スポーツ集団の人間関係は、次のように説明できる[5]。まず、指導者がいて、その指導者が選手に平等な愛をもたらす。それによって、選手たちは指導者に「ほれこむ」。「ほれこみ」とは、指導者を慕い、尊敬することを意味している。そして、その心理の一致が選手同士の仲間意識を形成する（「同一視」）。では、この関係性のどこに体罰・暴力の契機があるのか。体罰・暴力は、指導者が選手に行うものだから、当然、注目すべきは、指導者―選手関係の「ほれこみ」にあると考えられる。

(2)　体罰・暴力温存の心的メカニズム

　「ほれこみ」は、ある程度までは選手から指導者への尊敬や親しみの念としてはたらくが、ある時点から「理想化」という精神段階に至ってしまう。「ほ

れこみ」が「理想化」にエスカレートしてしまうと、選手は指導者への批判能力を失ってしまって、指導者の言動のすべてを受け入れてしまうようになる。こうして、選手の自我が、指導者の自我に飲み込まれたことによって、体罰・暴力が温存される関係性が生まれるのである。

(3) 体罰・暴力行使の心的メカニズム

では、指導者はなぜ体罰・暴力を行うのか。指導者は、一般的に考えて、「よい指導者」であろうとしている。指導者たちがイメージしている「よい指導者」とは、彼/彼女らの「自我理想」である。「自我理想」とは、「あのような指導者でいたい」という指導者の心の一部を指している。しかし、その自我理想は、自分勝手に作り上げてはいけない。なぜなら、「よい指導者」になるためには、選手たちとの良好な関係性を必須の条件とするからである。選手たちに「ほれこまれ」てこそ「よい指導者」となりうるのである。そこで、指導者の自我理想は、選手たちからの期待や選手たちへの配慮を背負い込んで、どんどん膨らんでいく。そして、この膨れあがった自我理想はバランスを崩さぬよう、どんな危機からも守られなければならない。

指導の行き詰まり、成績不振などといった問題は、「よい指導者」像への危機であり、自我理想への危機なのである。この危機に面したとき、指導者は体罰・暴力を行い、選手たちの自我を痛めつけ、選手をおとしめることで、自分の自我理想を守るのである（図6－1）。つまり、体罰・暴力を行う指導者は、残念ながら、選手ではなく自分の自我理想を愛してしまったと考えられるのである。

図6－1　体罰・暴力行使の心的メカニズム

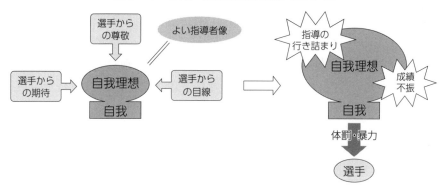

2 ── 体罰・暴力問題の解決に向けて

1．体罰・暴力問題の解決にはスポーツ科学を？

(1) スポーツ科学の隆盛

　この体罰・暴力の温存と発生の心的メカニズムをふまえたうえで、どのように体罰・暴力を解決していくことができるのかが課題となる。体罰・暴力問題の解決のために、さまざまなことが議論されているが、おそらく現在、最も強く主張されているのが、スポーツ科学とそれに基づく科学的指導による体罰・暴力の排除であろう。スポーツ科学といえば、運動生理学やスポーツバイオメカニクス[*3]などが挙げられるが、そうした研究や実践が本当に体罰・暴力問題を解決することができるのであろうか。

　たとえば、文部科学省は、2013（平成25）年5月に「運動部活動の在り方に関する調査研究報告書：一人一人の生徒が輝く運動部活動を目指して」を発表し、スポーツ医・科学の研究の研究成果を積極的に習得し、指導に活かすことが重要だと声明を出している[*4]。また、日本体育学会の各専門領域において組織されている体罰根絶特別委員会の声明においても、体罰・暴力の根絶をスポーツ科学に期待する文言が多く確認される[*5]。

(2) スポーツ科学の限界性

　そもそもスポーツバイオメカニクスのようなスポーツ科学は、いったい何を目指しているのだろうか。科学と聞くと、「何でも解決してくれるもの」といったイメージを抱いてはいないだろうか。しかし、それは実際には大きな誤りである。スポーツ科学が導き出している知は、人間をただの物体・機械とみなし、スポーツトレーニングで重要な個別性の原理を排除してしまっている。たとえば、動作解析の画像を見せられて、運動の客観的なメカニズムがわかったとしても、すぐにその動きができることはありえない。「わかる」と「できる」は決定的に違うのである。

(3) イメージの問題としてのスポーツ科学—あるいは体罰・暴力への可能性

　しかし、こうした限界性にもかかわらず、なぜスポーツ科学が体罰・暴力問題の解決策として強く主張されているのだろうか。確かに、スポーツ科学はまったく必要ないというわけではない。スポーツ科学の研究によって、スポーツ運動のある種の型のようなものが導き出され、それが指導に役立つこ

[*3] スポーツバイオメカニクス
ビデオやセンサーなどを用いて、スポーツ運動を客観的に把握し、その効率的な動きを解明しようとする分野。

[*4] 文部科学省ホームページ「運動部活動での指導のガイドラインについて」
（http://www.mext.go.jp/a_menu/sports/jyujitsu/1335529.htm）

[*5] 詳しくは、論文検索サイト「J-STAGE」内の検索ボックスで「誌名」を選択し、「体育学研究」と検索し、「Vol.60（2015）No. Report」を閲覧されたい。

とはありうる。しかし、さきほど指摘した科学の限界性を多くの指導者はわきまえていないのかもしれない。そうした指導者は、科学的指導とは何かについて理解しないまま「科学はいいはずだ」と思いなすことで、安易にスポーツ科学に飛びついている。そこには、科学というものへのイメージの問題がある。イメージについて美学者・教育学者の樋口聡は、次のように指摘している。

　　封建性、野蛮といったことがらの対極に科学的といったイメージが形成される。スポーツ科学の繁殖力がここにある。（中略）この種のイメージの現出が日本人的な気質に基づく根深いものであるとすれば、そして、実際にどうであるかということよりも、多くの人々がスポーツにそのようなイメージを付与しておきたい、スポーツをそのようなものとして理解しておきたいと思うようにする隠された力がその背後にある[6]。

こうしたイメージの問題に、私たちは無意識に取り込まれていないだろうか。「スポーツ科学」「科学的指導」と聞けば耳に聞こえはいいのだが、その限界について熟知し、適切に使用しなければ、すぐに体罰・暴力への危険性を生み出す可能性がある。なぜなら、科学的指導がいいものだと思い込んで、科学的な指導を繰り返すだけでは、選手はうまくなっていかない。そうなると、指導者は「どうしてうまくいかないのだ」と思い悩み、さらに最新のスポーツ科学を習得して、より深刻に科学的指導にこだわってしまう。しかし、それでもスポーツ指導がうまくいく保証はどこにもない。そしてついにしびれを切らした指導者は「お前何やってんだ！」と、体罰・暴力をふるってしまう可能性があると考えられる。スポーツ科学とそれに基づく科学的な指導が、必ずしも体罰・暴力問題の解決につながらないということはそうした理由からである。では、どのようにスポーツ指導を行えばよいのだろうか。そのためにはまず、スポーツ指導はそもそも何のためになされるべきなのかを考える必要がある。そうした根本的な問いに向き合わなければ、体罰・暴力問題の解決はできないであろう。

2. スポーツ指導の本質を考える

(1) スポーツ指導の目的は人格形成なのか

スポーツ指導の目的として多くの人が答えるのが人格形成である。しかし、それはスポーツ指導の本来の目的ではない。そもそも「人格」とは何なのか。

これも、先に出てきた「愛」と同じく、哲学的にも非常に難しい問題である。おそらく、人格とは何かを正確に答えることができる人はいないだろう。さらに、他人の人格を育てようという意識は、その根本において、その人（他人）の人格を低くみているという前提がなければ発生しない意識であり、それ自体が暴力的な意識であるともいえてしまう。したがって、スポーツ指導者が、選手や生徒の人格に干渉する必然性はないということになる。

(2) スポーツ指導は何のために

スポーツ指導とは何かを考えるためには、スポーツとは何かということを理解しておかなくてはいけない。スポーツとは何かという問いにはさまざまな回答が考えられるが、ここでは、樋口によるスポーツの定義を参照する。樋口によれば、「スポーツとは、日常生活とは異なる意味連関をもつ特殊な情況のなかで（遊戯性）、人為的な規則にもとづき（組織性）、他人との競争や自然との対決を含んだ（競争性）、身体的活動（身体性）」[7]である。これを言いかえれば、スポーツとは、定められたルールのなかでいかに勝つか、いかにパフォーマンスするか、という身体的なゲーム（遊び）であるということになる。

「意味連関」とは、スポーツは特殊な空間だということである。たとえば、100m走のスタートラインに立ったとき、「自分はなぜ走るのだろう」などと考えてはいけない。そうしたことを考え始めたら走れなくなってしまう。トラックに立ったら、とにかく走るしかないのであり、走るべきなのである。特殊な空間というのはそうした意味である。もしスポーツが日常生活と等質ならば、試合の途中で「ちょっとお茶でもしましょうか」といったことがありえてしまう（もちろん、そんなことはありえない）。いずれにせよ、スポーツとは、定められたルールのなかでいかに勝つか、いかにパフォーマンスをするか、という身体的なゲーム（遊び）なのだから、原理的にスポーツ指導の目的は、選手の技能を向上させること以外にない。

では、どのようにすれば選手の技能を向上させるような指導ができるのか。そのことを考えるためには、選手がどのような過程を経て技術を獲得しているのかをまず理解しなければならない。

(3) 選手の技術向上を哲学する

素朴な指導観として、指導を受けて練習すれば選手は技術を獲得できるといったものがある。この指導観を、ここでは「因果論的指導観」と名づけておこう。「因果論」というのは、「こうすればこうなる」という考え方のこと

で、この考え方はものごとを単純化して理解しようとする傾向がある。しかし、選手は本当に因果論的な図式において技術を獲得しているのだろうか。

哲学者の木田元は、人間が何かを学習することについて見落とされがちな、しかし重要なことを次のように指摘している。

　　ゲシュタルト心理学の創唱者のヴォルフガング・ケーラーは、（中略）学習は、けっして反応の頻度によってではなく、状況へのある種の〈洞察〉によっておこなわれるものであることを明らかにした。このばあい、成功した反応が学習され、定着するというのは、その反応がおこなわれたとき、つまりある志向が充足された特権的瞬間に、数々の失敗をふくむこれまでの経験が再構造化され、それらがこの成功にいたるための試行にすぎなかったという意味を与えられたということであろう。そのとき、いわゆる〈「ああ、そうか」という体験〉がおこなわれるのである[8]。

「数々の失敗をふくむこれまでの経験が再構造化され、それらがこの成功にいたるための試行」とは、スポーツの文脈でいえば、練習を繰り返しているうちに、状況への「ある種の洞察」によって選手は何かを学習・獲得するということであろう。それは、私たちが日常的に経験している「ああ、そうか」というあの体験を指している。「当たり前のことではないか」と思われるかもしれないが、これは体罰・暴力問題の解決のためにも、スポーツ指導のあり方にとっても、非常に重要なポイントである。

(4) 学習の条件としての「洞察」

「ああ、そうか」という体験が何を意味しているのかというと、選手は因果論的に技術を獲得しているわけではないということである。たとえば、大学の講義にしても、教員が学生の前に立って話かけているわけだが、しかしそれだけでは、教員が講義していることを学生が理解したり、納得したりすることはありえない。講義内容を理解するためには、学生の側の何らかの努力が必要であり、その努力が、前述した「洞察」というキーワードなのである。つまり、教員の話を聞いていくなかで、「ああ、そうか」という体験は、単に教員が話しているだけで発生するのではなく、学生の側のある種の協力のようなものが必要とされるのである。

(5) 知覚の一元論からみる技能獲得

そうした事情は、スポーツの練習でも同じだと考えられる。指導者の指導

を受けとめようと努力しているからこそ、ある時ふと偶然に「ああ、そうか」と選手は理解できるのである。指導されたり、本を読んだりするだけでは、選手は技術を獲得できない。実際には、選手たちは、練習し、身体を動かしているその動きのなかで偶然に技術に出会うのである。そうした見方を、「運動と知覚の一元論」という。反対の言葉を提示して、その意味を捕足してみよう。「一元論」の反対は、「二元論」といって、2つのものが別々に存在しているという考え方を示す。スポーツバイオメカニクスなどのスポーツ科学は、この二元論に基づいている。動作解析のこの画像は静止画であって、そこには動き・運動がない。技術を点と線で表して、人間を現実の動きの中から切り離してしまっている。動きと技術を切り離しているという意味で、二元論といえる。そうした画像を見せたり、その画像について力説して、あとは「練習しろ」と選手に命じるだけでは優秀な指導とはいえない。人間の運動は、動きの中で偶然に獲得されるわけで、その事実を考慮に入れた指導が必要となる。

　運動と知覚の一元論には学問的な背景がある。ここでは、医学者で哲学にも深く関わったヴァイツゼッカー（V. v. Weizsäcker）を挙げておくことができるだろう。ヴァイツゼッカーは、人間の運動を人間の生命から切り離して考えてはいけないということを強く訴えた。選手たちも生命をもって生きているのだから、私たちもこのヴァイツゼッカーの主張に耳を傾けなければならない。ヴァイツゼッカーは、次のように述べている。

　　知覚が自我と対象の間に構成する出会いに着目すれば、いかなる知覚もそれ自体一つの原本であって、何らかの絶対的に固定し、常に自己同一的な空間には組込まれえないようなものと考えなくてはならない。（中略）知覚の原本は自我と対象とのいわば対等の出会いを構成し、この両者の相即 Kohärenz から——この両者の二元的な対立からではなく——生じて来るということを示している[9]。

　この文章をスポーツ指導の文脈にひきつけて考えるならば、選手と何らかの技術がまずあって、指導者によってそれが与えられれば選手はそれを獲得する、という因果論的図式を疑わなくてはならないことになる。選手は、因果論的に技術を獲得するのではなく、技術との「相即」[*6]という状況において初めて技術を獲得すると考えられるのである。さらに慎重に考えるならば、「獲得する」という言い方も、まだ、「選手―技術」という図式を前提としている。したがって、「選手が技術を獲得する」という表現はここでは適切

＊6　相即
2つの物事が密接にかかわり合い、一体となっていること。

ではない。私たちとしては、選手は技術と出会い、技術と一体となって、技術を生きている、と言わなければならないのである。選手が技術に「出会う」というその偶然性が、「ああ、そうか」という特別な瞬間なのである。したがって、指導者は、選手に何らかの指導を行いながらも、「ああ、そうか」という瞬間の偶発を待たなくてはならない。逆に考えれば、指導者ができることは選手を指導するところまでであって、その後は、選手が技術を獲得する瞬間に出会うことを信じているべきなのである。

3 ── スポーツ指導のあり方を考える

1．現象学的運動学の可能性

(1) 運動感覚世界への共感

　指導者は、選手に指導を行いながらも、「ああ、そうか」という瞬間の偶発を待たなくてはならないが、それは初めから偶然に任せきりということではもちろんない。指導者の指導を受け、練習に励むその時間のなかで、選手は偶然に技術とめぐりあうのだから、指導者が指導力の向上に努めなければならないことは言うまでもない。しかし、その努力は、因果論的な科学的指導であってはならない。では、どのような方向性が考えられるのか。ここでは、現象学的運動学を取り上げ、その可能性を考えてみたい。

　現象学的運動学は、運動している選手や生徒の「ふわっと動く」や「バシッとボールをたたく」といった運動イメージを大切にする。そして、そのイメージは、ある一定の構造をもっていて、それは「運動ゲシュタルト」と呼ばれている。たとえば、高度なスポーツ運動を達成したときに、「なぜあんなことができたのですか？」と聞かれても、多くの人は困るのではないだろうか。「何かこう、あの……」といったようにしか表現できないのではないだろうか。その言葉にならない運動イメージが運動ゲシュタルトなのである。私たちは、その運動ゲシュタルトに導かれるようにして運動を行っている。そうした私たちの運動の状況を、現象学的運動学では、「運動感覚世界」と呼ぶ。そして、現象学的運動学の実践において、指導者がなすべきことは、何よりもまず、選手の運動感覚世界への「共感」なのである。つまり、選手の運動感覚世界がどうなっているのかを理解しなければならないのである。「理解する」といっても、ノートにペンで図を書いたりするのではない。現象学的運動学では、選手の動きの全体をよく観察し、指導者自身がその選手の運動

感覚を身体で感じとるということが重視される。それは、何も宗教的な話でも、オカルト的な話でもなく、私たちが日常的に経験している、他者のスポーツ運動への同期というあの体験である。その体験があるからこそ、他者の動きを真似することができるのである。

(2) 指導者の感性

　いずれにせよ、現象学的運動学は、指導者に対し、身体的共感を何よりもまず求める。しかし、この身体的共感は頭では理解することはできても、すべての指導者がうまく行うことは難しい。なぜなら、身体的共感は意識的にできるものではなくて、身体が勝手に同期し始めるからなのである。したがって、優れた指導者になるためには、そうしたことがいつでもできるような感性を磨いておかなければならないということになるだろう。レベルの高いことではあるが、現象学的運動学はそれを目指す。この本を全身で読むことも、実は、感性を磨くための格好のレッスンである。

(3) 運動感覚世界に響きわたる指導言語

　選手の運動感覚世界に同期することができた指導者は、何らかの指導を行わなければならない。現象学的運動学は、どのような指導を目指しているのだろうか。

　現象学的運動学は、選手の未完成な運動ゲシュタルトを修正するために、特殊な言葉がけによって指導を行う。特殊といっても、それは新しい何かではなく、日常的なスポーツ指導の場面で、すでにしばしば行われていることである。たとえば、一人のバレーボール選手を想像してみよう。その選手はレシーブをしているが、腕ばかり振ってしまっていて、ボールをうまくコントロールできていない。こうした選手に対し、「もっとうまくコントロールしろ」というのではなく、「膝でボールを受けろ」という言葉をかける。そうすると、選手の意識は腕から膝に移り、選手の動きの全体が変わっていく。こうした言葉がけは、スポーツ科学的には非論理的なものであるが、その非論理性こそが選手の運動感覚世界を刺激するのである。そして、一風変わったそのような言葉が選手の運動感覚世界に響きわたるとき、選手の「ああ、そうか」という体験が生じるのである。

2．体罰・暴力問題から考えられるスポーツ指導のあり方

(1) スポーツ指導と「距離」

　本章の目的は、体罰・暴力問題を入口としてスポーツ指導の問題性について考え、これからのスポーツ指導のあり方を考えていくことであった。ここまでを簡単に整理すると、①体罰・暴力は、指導者と選手の関係性において発生している、②スポーツ科学に基づく科学的指導には限界性があって、体罰・暴力問題の解決には直接的には役立たない可能性がある、③スポーツ指導のひとつの方向性としての現象学的運動学、という3点にまとめることができる。最後に、現象学的運動学が体罰・暴力問題の解決に資する可能性について触れてみる。

　現象学的運動学においては、指導者が選手の運動感覚世界に身体的に共感することが重要なポイントである。そして、身体的共感のためには、指導者は選手の運動の全体像をよく観察することが重要な出発点となる。さて、ここでよく考えてほしいのだが、選手の運動の全体像を観察するためには、絶対的に一定程度の距離が必要となるはずである。選手に近すぎては、選手の運動を部分的にしか見ることができないからである。したがって、選手の動きを観察し、選手に身体的に共感するためには、そのための選手との適切な距離が絶対に求められることになる。

　体罰・暴力との関係で考えれば、この距離が非常に重要になってくる。体罰・暴力を行うとき、当然のことながら、指導者は選手に近づかなくてはならない。恐ろしい表情で選手との物理的な距離を縮めて、ドカンと殴るのである。つまり、体罰・暴力は、現象学的運動学が重視する選手との適切な距離というものを踏みにじるのである。逆に言えば、現象学的運動学の実践を心がけ、選手との適切な距離を保持しなければならないと指導者が深く理解しているとき、その指導者に、体罰・暴力を行う余地はないはずだと考えることができる。

(2) 現象学的運動学を身につけた「知的な指導者」として

　基本的に、体罰・暴力を行っている指導者に、「殴るのをやめろ」と注意しても、ほとんどの場合はとめることは非常に難しい。そこには、それなりの心理メカニズムがあるからである。したがって、私たちが目指すべきところは、体罰・暴力を行う指導者たちと同じ土俵に立って体罰・暴力の是非を論争するのではなく、体罰・暴力を行う指導者たちから一目置かれるような指導者になることである。体罰・暴力は醜いことだと感じさせることができ

れば、暴力的なスポーツ指導の風土は自ずと変わっていくのかもしれない。そして、今考えられる限りにおいて、周囲から一目置かれるような指導者というのは、現象学的運動学を身につけ、マジカルな言葉がけで選手を没頭させ、成長させる指導者ではないだろうか。将来、スポーツ少年団のコーチや運動部活動の顧問などのスポーツ指導者になる方は、ぜひとも、現象学的運動学を身につけた知的な指導者となって、選手たちを大切に育ててあげてほしい。そして、体罰・暴力を行う指導者がいたら、「おいおい、そんなことをしていては選手の運動感覚世界に共感できないよ」と、知的に注意してほしい。

【引用文献】
1）藤森和美（2013）「だからこそ指導者は"アンガーコントロール"を」『体育科教育』第61巻・第11号　pp.46-49
2）関根正美（2013）「勝利至上主義とフェアプレイの挟間『体育科教育』第61巻・第11号　pp.38-41
3）片岡暁夫（1992）「スポーツと暴力」体育原理専門分科会編『スポーツの倫理』不昧堂出版　pp.67-80
4）西山哲郎（2014）「体罰容認論を支えるものを日本の身体文化から考える」『スポーツ社会学研究』第22巻・第1号　pp.51-60
5）松田太希（2015）「スポーツ集団における体罰温存の心的メカニズム―S.フロイトの集団心理学への着目から―」『体育・スポーツ哲学研究』第37巻・第2号　pp.85-98
6）樋口聡「スポーツ科学論序説：(I) 序論」（1994）『広島大学教育学部紀要』第二部・第4号　p.136
7）樋口聡（1987）『スポーツの美学：スポーツの美の哲学的探究』不昧堂出版　p.31
8）木田元（2001）『偶然性と運命』岩波書店　p.12
9）ヴァイツゼッカー,V. v.（木村敏・浜中淑彦訳）（1975）『ゲシュタルトクライス：知覚と運動の一元論』みすず書房　p.196

【参考文献】
ミシェル・フーコー（田村俶訳）（1977）『監獄の誕生：監視と処罰』新潮社
ジークムント・フロイト（小此木啓吾訳）（1970）「集団心理学と自我の分析」『フロイト著作集 第六巻』人文書院　pp.195-253
永山貴洋（2011）「スポーツ領域における暗黙知習得過程に対する『わざ言語』の有効性：動作のコツ習得過程において『わざ言語』はどのように作用しているのか」生田久美子・北村勝郎（編）『わざ言語：感覚の共有を通しての「学び」へ』慶応義塾大学出版会　pp.65-100
上野成利（2006）『暴力』岩波書店

Column 悲観でもなく楽観でもなく、日々、新たな実践へ向かって

> われわれは純粋さと暴力のあいだで選択するのではなく、多様な種類の暴力のあいだで選択するのである。われわれが受肉している限りで、暴力とはわれわれの宿命なのだ（中略）重要なのは、未来へ向けての現在の、他者へ向けての自我の跨ぎ超しという人間的活動の法則なのだ。
>
> モーリス・メルロ＝ポンティ（1908～1961）：フランスの哲学者

　いかがでしょうか。私はこの文章を初めて読んだとき、身体(からだ)が震えました。私たちは、多様な暴力のあいだで暴力を選択しなければならないとは、何と過酷な運命なのでしょうか。しかし、メルロ＝ポンティは、人間が「受肉」、つまり存在している限り、それは「宿命」なのだと言っています。メルロ＝ポンティの思想には、楽観的な性格を指摘できないわけでもありませんが、この文章は、少なくとも、メルロ＝ポンティ自身は楽観的な人ではなかったことを示しているでしょう。

　私たちはこの章で、スポーツ指導と体罰・暴力の根深い関係に迫っていきました。今後、スポーツ指導について考えるとき、私たちは楽観的ではいられません。それでも、最後に、現象学的運動学という方向性を、ひとつの希望として提示しました。しかし、ここで急いで注意しておきたいのですが、解決策として提示した現象学的運動学が、体罰・暴力問題解決の唯一の答えではないということです。スポーツ指導は、指導者と選手との関係において日々新たに実践されるべきもので、固定化・実体化された方法などあってはならないのです。方法の固定化および実体化。私たちは、それを何よりも恐れなければなりません。現象学的運動学でさえも、それが唯一の正解として信奉されてしまうと、指導者はそれに縛られ、うまくいかない現実に苛立ち、選手を殴ってしまうかもしれません。場合によっては、科学的指導が必要な場面もあるのです。

　メルロ＝ポンティが、「重要なのは、未来へ向けての現在の、他者へ向けての自我の跨ぎ超しという人間的活動の法則なのだ」と言うとき、私たちは世界を固定化してとらえてはならないし、世界を固定化させるような認識に至ってはならないということへの注意を喚起しているのでしょう。日々の実践を不断に見直し、絶えず新たなスポーツ指導の可能性を探っていくような態度こそが、実は指導の方法論以上に大切なことなのです。

体育とスポーツを深く知るための応用理論

第7章　競技者の世界と理想の姿

> **key point**
>
> 　本章では、以下のポイントをふまえながら、競技者や競技の世界について学びます。
> ①競技者とスポーツ愛好者の違いを理解しよう。
> ②競技者の世界とは何か？　競技者の理想的な姿とは何か？　について考えてみよう。
> ③単なるスポーツという言葉を超えた世界があることを知り、さらには競技者という競技スポーツの世界で生きる存在とその生き方を知ろう。

1 ── 競技者という存在について

1．競技者とスポーツ愛好者

(1)　競技者とは何か

　「競技者とはどのような人か」とは単純な問いであるが、その答えはさまざまであろう。オリンピックやワールドカップなど、世界的な競技大会に出場する競技者を想像する人もいるだろう。また、パラリンピックに出場する競技者を想像する人もいるかもしれない。あるいは、サッカーや野球などのプロスポーツで活躍する競技者を想像する人もいるかもしれない。もちろん、甲子園やインターハイを目指している高校生を想像する人もいるであろう。そのほかにも、ここに挙げていない競技大会やスポーツ種目で日々汗を流している競技者、あるいは自分自身の身近で頑張っている競技者を思い浮かべる人もいるだろう。

　つまり「競技者とはどのような人か」という問いには無数の答えがあるのだ。自分自身が想像する競技者の姿は、誰もが納得できるものとしてその姿を共有することは難しいのである。なぜならそこには、考える人それぞれの主観、価値観や倫理観、そして国籍や性別など、さまざまな相違が複雑に関係するからである。

(2) 競技者とスポーツ愛好者

　ここでは、「競技者」と「スポーツ愛好者」の違いに着目して競技者とは何かを考えてみたい。

　競技者を想像する際、その姿としてどのような場面を想像するだろうか。「常人には成しえない圧倒的なパフォーマンス」「勝利への執念」「過酷な練習に励み、試合に向けた準備をしている情景」など、その姿はスポーツを楽しむというよりはむしろ、自分自身の生活、競技者としてのプライドや存在を賭けた張り詰めた瞬間が見え隠れするのではないだろうか。一方で私たちは、仲間と草野球を楽しんだり、心身のリフレッシュを兼ねたゴルフに親しんだりするスポーツ愛好者の姿も知っている。しかし、競技者とスポーツ愛好者が行うスポーツは、同じスポーツ種目であったとしても明らかに異なる性質をもっている。その性質の違いはスポーツに対する両者のかかわり方の違いが関係しているといえる。競技者とスポーツ愛好者のスポーツへのかかわり方の違いは、「遊戯性」と「競技性」という観点からみることでより鮮明になる[1]。

　スポーツ愛好者のスポーツは、遊戯性と競技性のバランスをほどよく保っている。もし、遊戯性か競技性のどちらかに偏ると、極端に遊ぶか、極端に競争を指向するかどちらかになってしまうだろう。スポーツ愛好者のスポーツは、遊戯性や競技性どちらかに偏らないことで、ほどよく楽しめるスポーツとして実施されるのである。

　なお、スポーツにおける競争の目的は勝利や成功である[2]。この点では、競技者もスポーツ愛好者も、競争による勝利や成功を目指してスポーツをすることに変わりない。しかし、スポーツ愛好者の行うスポーツと競技者が行う競技スポーツには決定的に異なる点がある。それは、競技スポーツは競技性に偏っているということである。もちろんそれは、競技者がスポーツを楽しんでいないということではない。「勝利」という目標に固執することで、競技性と遊戯性のバランスが欠けてしまうのである。

　一般的に、「競技スポーツにおける最大且つ唯一の目標は、計測や採点や得点によって明示される『強さ』という卓越性の比較を通してゲームに勝利することにある」[3]とされる。競技者は、競技スポーツにおける勝利という目標を追求しているという点で、スポーツ愛好者とは一線を画するのである。

(3) 競技者と卓越性

　競技者は、遊戯性よりも競技性を追求するのであり、相手との比較が可能なスコアや計測タイムなどの数値化された「強さ」を競って勝利を目指す。

たとえば、ラグビーであれば、競技者が相手と競い合っているものは、身体の屈強さや足の速さ、あるいは競技の技術などである。これらは、競技スポーツにおいて競技者が勝利するための必須の「強さ」であり、それは「卓越性」と呼ぶことができるものである。

スポーツ哲学者であるワイス（P. Weiss）は、競技者と卓越性（excellence）のかかわりを次のように述べている。

> 競技者は彼自身を現在充足するために戦っている。現在は彼が彼自身を造りだしている時である。彼は、未来ではなくて、現在、彼に可能である卓越を求めており、卓越できるし、卓越するのである[4]。

卓越（性）を、競技スポーツにおいて競技者が勝利するために必要な「強さ」という意味に置き換えて考えてみる。すると、競技者が勝利という目標を立てたならば、今よりさらに強くなるために、多くのトレーニングを積むことが必要になる。卓越を追求することは、ある種、競技者としての責務になるのである。

さらに、卓越は一朝一夕に身につくものではない。まして勝利という結果はすぐに顕在化しない。競技者は極端な話、生活のほぼすべてを卓越の獲得のために費やすことになる。競技者とは、今よりもっと強くなるために卓越を獲得しようとする存在なのである。

2．競技者が直面する困難

(1) 競技者の生きる世界

前項において、競技者が勝利を目指すのであれば、今よりさらに卓越する必要があることを指摘した。しかし、競技者自身が勝利のために最善を尽くした生活をしようとも、病気やケガ、精神的な不安や葛藤、練習環境の不備、生活環境の変化、体罰やハラスメントなど、大きな問題に直面することもある。そうした身体的、精神的、環境的な要因の変化は、競技スポーツの世界で生きていくうえで宿命的なものである。だが競技者が勝ち続けるためには、それらを乗り越えなければならない。

スポーツ社会学者のマンデル（J. D. Mandle）は、現代のスポーツについて、「スポーツは、正義、相互依存、共同、そして達成という重大な人生の課題が積み重なった『場』なのである」[5]と述べている。この主張を聞く限り、スポーツにおける競技者は勝利だけを至上命題としているのではなく、ス

ポーツの場にいるからこそ「正しくある」ことを求められているようである。それは、相互依存と共同の枠から外れないようにして、そして自分自身が何らかを達成することができるように、多面的に生きることを学ぶ「場」がスポーツであるという考え方である。

　スポーツが「重大な人生の課題が積み重なった『場』である」ということをふまえて考えるのなら、競技者の競技生活は、スポーツにおける強さという卓越だけに執心すればよいのではないことが理解できるであろう。前述のとおり、実際、競技者を取り巻く環境においては、さまざまな問題が指摘されている。それは、競技者である以上、ある種どうしようもない問題なのである。スポーツという世界には、「政治、経済、教育、宗教などの現実と密接に関係しながら、それらの手段としてさえ利用されている」[6]という主張がある。競技者の生きる世界が抱える問題の根は深いのである。

(2) 競技者に起きる現実的な問題

　競技者と競技生活の関係のなかで起きるさまざまな現実的な問題を分析したスポーツ社会学の研究では、競技者は競技生活の過程において栄光を得るだけでなく困難にも直面することが指摘されている。競技者が直面する困難は、競技スポーツからのドロップアウトへとつながる問題でもあり、その原因としては、人間関係のあつれき、練習の辛さや緊張感からの逃避、スポーツ活動とそのほかの社会的活動との両立の困難さなどが考えられている[7]。そして、より高いレベルでの競技生活を送り、さらなる卓越を獲得しようとすればするほど、競技者に起こりうる困難はより一層越え難いものとなる。

　それに加え、競技生活中の困難だけでなく、競技者は競技人生を終えた後の生活においても種々の困難に直面することが指摘されている[8]。それは近年のスポーツ界において、競技者のセカンドキャリア問題として取り上げられている。競技者は、卓越を獲得しようとすればするほど、競技生活を終えた後に従事する仕事や、取り組む活動についての備えをする余裕がなくなってくる。競技スポーツに没頭するあまり、将来の生活まで考える気になれない競技者は、競技生活を終えると一般的な社会生活に順応できないといった問題を抱えてしまうのである。

　競技者が競技スポーツに没頭する生活を送るなかで、このような困難な状況に直面していることは、すでに広く知られた事実かもしれない。言うなれば、競技者という存在は、生涯を通じて困難な道を歩んでいると考えることもできる。しかし、勝利や成功という名誉を手に入れる可能性があるとはいえ、競技者はなぜ困難な道であるはずの競技生活に身を投じるのだろうか。

そこには多くの困難を乗り越えてでも手に入れたい何かがあるのであり、それが競技者を惹きつけているのであろう。

2 ── 競技者を競技生活に惹きつけるもの

1．競技者が獲得する卓越について

(1) ワイスの卓越論

　ここからは、競技者が競技生活に惹きつけられる理由を考えてみる。この課題に取り組むうえで、競技者と卓越とのかかわりについて言及したワイスの議論は多くの示唆を与えてくれる。

　ワイスによれば、スポーツの試合において競技者は、勝つことだけでなく負けたとしても何らかの利益を得ることができるとされる。これは勝ち負けにかかわらず、競技者が競争を通して卓越を追求した結果、競争をする以前に比べて何かが「善く」なったことを認める立場といえる。また、ワイスは競技者という存在が競技スポーツにおける最終的な目標を設定し、その目標を目指した競技生活を送ると考えている。それはすなわち、スポーツ愛好者では獲得できない、競技スポーツという生活を実践したからこそ獲得できる卓越がそこには存在し、競技者はその獲得を目指して努力するという考え方である。

　多大な努力や犠牲を払い、多くの困難を乗り越えてまで競技スポーツに没頭する競技者の姿についてワイスは、「競技者としての卓越」そのものを目指している状況と考えることができるとしている。たとえば、競技者であれば誰もが、自分自身にとっての目標や憧れとする選手がいるはずである。競技者がなぜ特定の選手を目標に憧れを抱くのかというと、それは憧れの選手に「競技者としての卓越」を見いだすからである。そしてまた、自分自身も同じような存在でありたいと考えるからである。競技者は、憧れの選手と同じように「競技者としての卓越」を競技生活で身につけようとするがために、競技スポーツそのものに惹きつけられていくのである。

　それでは、「競技者としての卓越」とは何を意味するのであろうか。それはすなわち、競技スポーツの世界で今よりもさらに自分自身を卓越させようとすることに加え、ほかの競技者も惹きつけるほどの卓越を獲得しようとするはたらきということができる。

(2) 卓越にみる「強さ」と「善さ」

　だが、この卓越を考えるうえで注意すべきことがある。それは、スポーツ競技の記録や成績などのように、数値化できる「強さ」という側面と、競技者が卓越しようと努力するような人間的なはたらきの「善さ」という側面は、区別して考える必要があるということである。

　おそらく数値だけをみるならば、これから全盛期を迎えようとする若手競技者と、全盛期を過ぎたベテランといわれる競技者を比べた場合、ベテラン競技者の卓越は劣っているとみなされるかもしれない[9]。つまり、身体的な衰えによって記録が落ちることや、キャリアのピークを過ぎた場合などでは、競技者としての「強さ」がないと判断されることになってしまうのである。しかし、ベテラン競技者のなかには「強さ」を失ったとしても、卓越のために人間的な「善さ」をはたらかせて、ほかの競技者を惹きつけるような卓越性を発揮している競技者が存在する。たとえば、野球の鈴木一朗（イチロー）選手やサッカーの三浦知良（カズ）選手などである。

　彼らは、日本人であれば誰もが知るスーパースターであるものの、競技能力の低下によるものかどうかは定かではないが、近年では試合のスターティングメンバーを外れ、控えに回される機会も多くなった。しかし、そのような状況であっても、彼らの姿に「競技者としての卓越（善さ）」を見いだしている競技者は数多く存在する。つまり彼らには、「強さ」とは別の次元での卓越（善さ）が見いだされているのである。

2．「競技者としての卓越（善さ）」と「徳（virtue）」

　競技者は「競技者としての卓越（善さ）」を獲得しようとして競技に惹きつけられる側面がある。それでは、単純に数値化できるものではないこの卓越（善さ）とは一体何なのだろうか。この疑問を考えるにあたり、ワイスの議論をさらに発展させ、競技者と卓越の関係を構造的に分析したスポーツ哲学・倫理学者のドゥルー（S. Drewe）の議論を読み解いてみる。

　ドゥルーは、競技者による卓越の追求が何を目的に行われるのかという視点から検討を進めた。つまり、競技者が卓越を追求するその最果ての目標とは一体何なのかということを問題にしたのである[10]。

　さて、ドゥルーのいう目的は、いわば究極的な目的としてとらえることができる。それはたとえば、競技者がこの大会で勝ちたい、あのような技術を手に入れたいというような目先の目標とは少し異なるものである。究極的な目的とは、世界中の競技者がそのようにありたいと憧れるような、究極的な

競技者としての理想像を意味している。たとえば、野球のベーブ・ルース選手、バスケットボールのマイケル・ジョーダン選手、陸上短距離のウサイン・ボルト選手など、その競技スポーツにおける伝説的な競技者や、世界中の競技者から賞賛されている競技者などが、究極的な目的に近い競技者ではないだろうか。彼らのように競技成績はもちろんのこと、人間性や社会への影響力も含めたかたちでの競技における前人未到の偉大な選手像への到達が、競技者が卓越を追求するうえでの究極的な目的と考えられるのである。

また、ドゥルーは、競技者にとっての究極的な目的である理想像には、「徳（virtue）」がかかわるとしている。徳とは、人格の型である[11]。つまり、数値として表すことのできる成績や競技能力だけで究極的な競技者の理想像がかたちづくられるのではなく、そこには競技者自身の人格が大きくかかわってくるのである。この観点に立つならば、先に述べたベテラン競技者のように身体的な衰えがあろうとも、あるいは競技者としてのピークを過ぎたとしても、いわゆる人格者たる競技者は、「徳としての競技者」という「善さ」があるということになる。そうした競技者にみる人格の「善さ」は、卓越論で述べた「強さ」とは異なる、「徳としての競技者」という姿を浮き彫りにしてくれるであろう。

3 ── 競技者にみる理想の姿

1．アリストテレスの徳論と競技者論

(1) 人格の徳について

ここでは「徳としての競技者」を論じるにあたって、古代ギリシアの哲学者アリストテレス（Aristotle）の徳論を土台として考えていく。そして、その「徳」の概念について考えた哲学者のラッセル（D. C. Russell）の議論を引いてみる。ラッセルは、「われわれは、充実をもたらす目的を選択し、その目的に向けて、すぐれた実践的推論と健全な感情を伴いながら行為することによって、個人および人間としての充実を見出すことができる」[12]と述べている。この言葉から、人として善く生きることを可能とするのが「人格（あるいは性格）の徳」であると理解できる。

さらにラッセルは、人が徳を善く発揮させることに関連して、「『有徳な活動（virtuous activity）』と言うときにアリストテレスが念頭に置いているのは、思慮と健全な感情をもちながら行為すること」[13]と続けている。つまり

ある状況において、状況を善く判断でき、感情的にならず行為するとき、それは徳を善く発揮した「有徳な活動」になるということである。これが徳を発揮した姿であり、生き方である。この考え方を競技者に当てはめれば、「有徳な競技者」という観点から競技者の理想的な姿を考えることができるだろう。

(2) 有徳な競技者とその条件

競技者は、有徳な活動（状況を善く判断することや感情的にならず行為すること）によって有徳な競技者になることができる。さらに、競技者の有徳な状態は、徳に基づいた善き行為を習慣づけることによって、より一層充実させることができる。たとえばそれは、イチロー選手であればノックや素振りなどの基礎練習と真摯に向き合い、人並み以上に練習成果の獲得へ勤しむことを習慣づけたのかもしれない。また、カズ選手でいえばチームが勝利するための要件を若手時代から常に考えており、いつもベテランを観察してきたからこそ、自身がベテランになってから一層より善く行為することができているのかもしれない。イチロー選手やカズ選手のように、ベテランになって有徳な状態にある競技者は、若いときから善き行為を習慣づけていたからこそ、有徳な競技者になることができたのである。この意味では、若手競技者は、ベテラン競技者と比べて競技スポーツにおける善い習慣づけができる期間が短いということがいえるかもしれない。両者を相対的に比べるならば、若手よりベテランの競技者の方に、「徳」の点でより有徳な状態を認めることができるだろう。

さらに、有徳な状態は善き行為を善く選択することができる。それはすなわち、悪徳な競技者とならないように節制力がはたらくということである。有徳な競技者は、試合に勝ちたいからといって決してドーピングなどの逸脱行為を選択しないのである。結局のところ、他人を欺き、そして自分自身も欺くような競技者には、徳など備わっていないのである。そうした競技者に共通していえることは、悪徳に打ち克つことができない、節制力のない競技者だということである。

(3) 有徳な競技者が求めるもの

一般的に競技スポーツの大会では、競技者における「競技能力」のチャンピオンを勝者として賞賛している。もちろんそれは、競技スポーツの競争において、競技者が競技能力としての卓越（強さ）を競い合っているのだから当然のことである。また、スポーツ哲学者であるトーマス（C. E. Thomas）

も指摘していたように、競技者は競技スポーツにおける勝利や成功をつかむことを目的としていることに疑いの余地はない[14]。しかし、有徳な競技者という観点に立つならば、いわば目指されるべき競技者のひとつの理想の姿として、「徳」を備えた状態を賞賛することもできるだろう。これはある意味、「達人」という表現に近い考え方かもしれない。

　ある競技大会で優勝した競技者でたとえてみよう。優勝した競技者は皆からの賞賛を受けるだろう。この競技者が賞賛されたのは、勝利のための行為と選択が、ほかの競技者の見本となるような卓越性として発揮されたことにある。しかし、同じ優勝者であっても、徳が備わっていない場合も仮定できる。それはいわば、競技者が優勝者でありながら、何らかの後ろめたい気持ちを抱いて大会に出場している場合である。例を挙げるのであれば、実は計画的にドーピングをしていて、素直に喜べない状況で試合に臨んだ競技者などが考えられる。繰り返しになるが、競技大会が競技者の能力のNO.1を決めるものならば、いかなる方法で勝ったとしても、競技者は卓越という「強さ」を発揮したために賞賛されるだろう。しかしながら、そこに「徳」を見いだすことはできないのである。

　有徳な状態は、自分自身に対して節制的に、そして正しさを発揮する。したがって逆説的に言えば、有徳な競技者であるからこそ、成績だけでなく人間的にも賞賛されうる、真の勝者になることができるのである。

(4)　有徳な競技者にみる勝者の姿

　ところで、有徳な競技者はどのようなかたちで勝者になるべきだろうか。たとえば、競技スポーツにおける状態としては、次の2つのうちどちらが「善い」のだろうか。

　①勝利に対して徹底する状態（競技者は抑制力のある人として自分自身に打ち克つことができ、そして勝つことができる）
　②相手に対して徹底的に抵抗して負けない状態（競技者は我慢強い人として耐えることができ、そして負けることはない）

　これは、勝利を徹底的に追求する競技者と、ひたすら耐え続けて負けない競技者との比較である。勝利に徹底する競技者は、時に冷酷と表現されることもある。一方で、耐え続けて負けない競技者には、我慢強いその姿に対して、よく頑張ったという賛辞が送られることもある。この2つの状態の比較は極端な事例ではあるが、アリストテレスであれば我慢強さよりも抑制でき

る方が好ましいと考える[15]。我慢強く耐える競技者の姿は相手に対して受動的であり、抑制力のある競技者の姿は相手に対して能動的な姿をみせている。アリストテレスにおける有徳な競技者は、節制的に自らにはたらきかけ、自分自身に打ち克つことに重きがある。そこに、真の勝利者という姿がみられるのである。

2．三浦知良選手にみる「有徳な競技者」論

　最後に、有徳な競技者の議論を基にして、競技者の具体的な姿を考察してみる。ここで例として挙げる競技者は、前述したプロサッカー選手のカズ選手である。ではなぜ彼が、有徳な競技者としてみられるのかを「練習に対する姿勢」と「チームに対する姿勢」の2つの視点から考えてみる。

(1) カズ選手の練習に対する姿勢

　カズ選手はプロサッカー選手として30年以上の競技生活を積み重ねている現役の競技者である（2018（平成30）年1月現在）。これは習慣づけの観点からみても、長年にわたる第一線での努力がうかがえる。なぜなら、競技者に必要な「強さ」を獲得するために「善さ」という人格を獲得し、さらに習慣づけられているからである。ゆえに彼は徳を発揮する状態にあると考えることができる。

　カズ選手は「やるべきことをやるためにきついことをやり、もがく。そこには必然的に苦しみが伴う。でもこの苦しみは苦痛とはまた違う。きついけれど楽しい」[16]と述べる。「やるべきことをやるためにきついことをやる」というコメントは、シュート練習において、彼が自身を高めるという文脈で述べている内容である。これを「有徳な競技者」の観点からみると、彼の競技者としての徳は、サッカー選手である彼自身にとって、決定力という能力を高める（つまりやるべきことをやる）ために厳しい練習へ向かわせていることと考えられる。

　また、カズ選手は練習に苦しさがともなうことを認識している。しかし、苦しいということは同じでも、サッカーが上達するための苦しみは楽しいとも述べている。それは、サッカーから離れざるをえないケガや、競技生活に関係のない精神的苦痛のような苦しみとは根本的に異なる。厳しい練習は、彼にとっても当然ながら苦しいものなのだが、それは競技者としての徳を獲得することにつながっているのである。つまり彼は「有徳な競技者」になるための練習に励んでいると考えられる。そうして徳を獲得、そして発揮する

彼自身は、厳しい練習が楽しいという結論に至っているのである。

(2) カズ選手のチームに対する姿勢
　次にチームに対する、カズ選手の言説を取り上げてみる。

　　どうすれば自分がレベルアップできるのか、常に考えないといけない。僕が横浜FCの若手に、ベテランを追い越すくらい伸びてほしいと願っているのも、彼らと切磋琢磨することで自分の力もアップするからだ。「人のため」であると同時に「自分のため」。それでチームは成長する。プロとはそういうものなんだ[17]。

　カズ選手は自身のレベルアップを常に考えている。そして彼は、ベテラン競技者としての自分を理解しており、若手のチームメイトに期待をかけている。彼が若手にかける期待とは、チームメイトと切磋琢磨することで「自身を高めようとする考え」であるということができる。
　カズ選手にみる競技者としての徳は、威張りでも卑屈でもないように思われる。たとえば、彼が威張っているなら、ベテランであることやプロサッカー選手としての経験が豊富であることを理由にチームメイトを見下して、それに準じた行為をしてしまうことが考えられる。また、自身のことを必要以上にへつらうように卑屈だったならば、彼はチームメイトとともに自身を高めながら、チームをまとめることができるだろうか。少なくとも、彼の言説の最後をみるとチームにおける自分の立場、そしてプロサッカー選手としての立場を理解しているように受け取ることができる。
　以上のことをふまえると、カズ選手というサッカー選手の姿は「サッカー選手（という競技者）の徳」を獲得した姿であり、このような姿勢を貫き生きる彼の姿のなかに、私たちは「有徳な競技者」という徳を発揮した理想像を見いだしていると考えることができるであろう。

【引用文献】
1）大橋道雄編著、服部豊示・阿部悟郎共著（2011）『体育哲学原論―体育・スポーツの理解に向けて―』不昧堂出版　p.142
2）キャロリン・E. トーマス（大橋道雄・室星隆吾・井上誠治・服部豊示訳）（1991）『スポーツの哲学』不昧堂出版　p.99
3）内山治樹（2015）「チーム・パフォーマンスの生成にかかわる前提要件の検討―『チームの感性』究明に向けた予備的考察―」『体育・スポーツ哲学研究』第37巻・第2号　p.115

4）ポール・ワイス（片岡暁夫訳）（1985）『スポーツとはなにか』不昧堂出版　p.18
5）J. D. マンデル・J. R. マンデル（1997）「現代スポーツへの新たなアプローチ」『スポーツ社会学研究』Vol. 5　p.56
6）丹羽劭昭（1982）『スポーツと生活』朝倉書店　p.42
7）吉田毅（2001）「競技者の困難克服の道筋に関する社会学的考察」『体育学研究』第46巻・第3号　p.242
8）吉田毅（2006）「競技者の転身による困難克服の道筋に関する社会学的考察：元アメリカ杯挑戦艇クルーを事例として」『体育学研究』第51巻・第2号　p.126
9）佐藤洋（2017）『有徳な状態からみる競技者論：アリストテレスの実践学を導き手として』博士論文（日本体育大学）　p.22
10）シェリル・ベルクマン・ドゥルー（川谷茂樹訳）（2012）『スポーツ哲学の入門：スポーツの本質と倫理的諸問題』ナカニシヤ出版　p.114
11）同上書　p.115
12）ダニエル・C・ラッセル（立花幸司ほか訳）（2015）『ケンブリッジ・コンパニオン徳倫理学』春秋社　p.27
13）同上
14）前掲書2）　p.99
15）アリストテレス（神崎繁訳）（2014）『アリストテレス全集15　ニコマコス倫理学』岩波書店　p.289
16）三浦知良（2014）『とまらない』新潮社　pp.38-39
17）三浦知良（2011）『やめないよ』新潮社　p.71

Column　アリストテレスの「友愛」論

> 友愛は愛されることのうちにではなく、むしろ愛することのうちにある。
> アリストテレス（B.C.384～B.C.322）：古代ギリシアの哲学者

　アリストテレスは勇気、矜持（プライド）など、さまざまな徳を論じました。これは人間が幸福（Happiness）になるために、「善く生きる」ことを論じたのです。そのなかでは、友愛（フィリア）という徳も論じられました。アリストテレスにとって、友愛という徳は、幸福のひと欠片になっているのです。

　アリストテレスの格言は、一言でいうと「愛されるより、愛せ！」です。愛は元来、人間に備わる欲求です。それは愛したい！　という欲求ですから、何かを愛さなければ自分の欲求は満たされず、自分自身に対する愛は成立しません。

　ときに、アリストテレスの友愛は自己愛的といわれます。これは「自分が可愛い」という意味ではありません。たとえば、スポーツの場面で競い合っていた競技者が勝負を終えて、互いにたたえ合うシーンを想像しましょう。勝者のあなたは、ライバルの競技者たちに声をかけ、お互いの健闘をたたえ合います。その瞬間、アリストテレスに言わせれば、あなたは自己愛的に振る舞っています。

　もちろん、友愛は徳なので、互いに善き人であることが条件です。そして、他人を愛すときは程度のよさが求められます。あなたの友愛は、友愛の度が過ぎると「機嫌とり」になり、逆に不足していれば「不愉快」になります。

　先のたたえ合うシーンに戻ります。善きあなたの振る舞いは、確かに善き行為でした。そのため、相手からもあなたに対する愛が返されます。なぜなら相手にとっても、あなたと関係したことが善きことであったために、快適な愛をあなたに返すのです。するとあなたは、善きことをして相手に愛を送り、それと等しい愛が相手から返されました。その結果としてあなたは「賞賛されるべき自分」を愛することができることに気がつきました。これこそ、アリストテレスの友愛論が自己愛的であるといわれる所以です。

　さて、読者のみなさんは、どのようなかたちで自分の愛を説明できますか？

第8章 オリンピックと世界平和

> **key.point**
>
> 本章では、以下の3つの観点から、世界平和を実現するためのオリンピックの役割を考えてみましょう。
> ①オリンピックが金メダルを目指すだけの大会ではなく、「平和な社会の推進を目指す」という国際的な意義をもって開催されていることを理解しよう。
> ②オリンピックが現在、勝利至上主義やドーピング違反に代表されるような批判的要素が目立ち、大会本来の意義が問われている状況にあることを知ろう。
> ③オリンピックの思想や精神である「オリンピズム」を理解し、世界平和に貢献するオリンピックの役割について考えてみよう。

1 ── オリンピックにおける平和思想と平和運動

1．「オリンピズム」とは何か

(1) オリンピズムの根本原則

現在、オリンピックは世界中から注目されるようになり、ほかの国際大会と一線を画する価値ある大会として認められている。その理由のひとつに、近代オリンピックの創設者であるフランスの教育者クーベルタン男爵（P. Coubertin）の思想に基づいた「オリンピズムの根本原則」（以下「オリンピズム」）という、ほかの大会にはない哲学的な思想をもった大会であることが挙げられる。このオリンピズムは現在、国際オリンピック委員会（International Olympic Committee、以下「IOC」）が発行する「オリンピック憲章」にまとめられている。最新の「オリンピック憲章」（2016年版）におけるオリンピズムは、次のように明記されている。

> 1．オリンピズムは肉体と意志と精神のすべての資質を高め、バランスよく結合させる生き方の哲学である。オリンピズムはスポーツを文化、教育と融合させ、生き方の創造を探求するものである。その生き方は努力

する喜び、良い模範であることの教育的価値、社会的な責任、さらに普遍的で根本的な倫理規範の尊重を基盤とする。
2．オリンピズムの目的は、人間の尊厳の保持に重きを置く平和な社会の推進を目指すために、人類の調和のとれた発展にスポーツを役立てることである[1]。

　オリンピズムは、スポーツを通じた「平和」の思想である。この哲学的な思想があるからこそ、オリンピックでは単にスポーツの世界一を決めるだけではなく、平和な社会を創造することが求められている。
　しかし残念ながら、オリンピズムという言葉が広く普及しているとは言い難く、オリンピックに出場するアスリートですら知らないという状況にある。さらに、オリンピズムという思想が実際にどのように大会で反映され、実践されてきたのかと問われると、そこで描かれた理想とは裏腹に、オリンピズムは無力であると批判されることがある。その背景には、過去の大会で発生したテロ事件やボイコットに象徴されるように、世界の平和とはほど遠い問題が相次いで起こってきたことが挙げられる。それでもなお、開催地や開催国に限らず、世界の教育機関ではオリンピズムを学ぶ取り組みが行われているのである。

(2)　オリンピズムを学ぶ必要性
　なぜ私たちはオリンピズムを学ぶ必要があるのだろうか。それは、スポーツを通じて人間性を高めることや相互理解を推進させること、そして最終的に世界平和に貢献するという思考が、オリンピックに出場しない人々にとってもスポーツの場面、日常生活、さらには社会のなかでも生かしていくことのできる大切な考え方だからである。
　それでは実際に、オリンピックにおける「平和貢献」や「平和な社会の推進を目指す」という際の「平和」とは、一体どのような状態を示すのだろうか。
　それは一般的にいえば、「国際親善」や「相互理解」といった行為を連想させる。また一方では、古代オリンピックになぞらえて、休戦や停戦を呼びかける運動もある。あるいは、スポーツ全般において「フェアプレイ」のような倫理的価値を求める場合もある。つまり、オリンピックによる「平和な社会の推進を目指す」というスローガンは具体的にどのようなかたちで実現されるのかがはっきりとしておらず、オリンピックと平和に関する問題性も不明瞭なままなのである。ここに、「オリンピックにおける平和とは何か」

という根源的な問いを考察する必要性が指摘できよう。

　まずは、古代オリンピックにさかのぼり、「平和」に対する考え方がオリンピックのなかでどのように受け継がれてきたのかを検討する。

2．古代オリンピックから生まれた平和思想

(1) 古代オリンピックの特徴

　古代オリンピックは、ギリシャ神話の主神であるゼウスを祭る宗教行事として、紀元前776年の第1回大会から西暦393年の第293回大会まで、約1,200年間にわたって開催されていた。そこでは、スポーツ競技を行うことが神々をたたえる方法のひとつと考えられていたのである。そして、大会期間中は、武器を持つことや人を殺すこと、死刑を執行することも禁止され、「休戦による平和」を重んじた大会であったとされる。

　古代ギリシャでは、現代オリンピックの起源とされる古代オリンピュアが行われ、「アゴン文化」と呼ばれる文化を有していたといわれている[2]。「アゴン」とは、古代ギリシャ語で「競争」を意味する言葉である。つまり、全ギリシャ世界から人々が集まって競い合うオリンピックは、古代ギリシャ人にとって最大の競争の場だったのである。いわば、競い合うことそのものに古代ギリシャ人が価値を見いだしたからこそ、オリンピックは誕生したともいえよう[3]。そして、古代ギリシャにおいて、市民たちは"市民する"ことを競技し、最良の市民たることは、卓越した生の競技者"美にして善なる者"として広く同輩市民に承認されることであったのである[4]。肉体の美を競い合いながら、競技に勝つことが自国における貴族の地位を確保することにつながったとされていることから、オリンピックは競争に対するギリシャ人の熱意を生み出した祭典だったといえるのである。

(2) 古代オリンピックと平和

　しかし一見すると、古代ギリシャ人が「競争」を愛していたことと、「平和」を求めていたこととは矛盾しているようにも思える。古代オリンピックの「平和」の意味とは、どのようなものだったのだろうか。

　ギリシャ全域にオリンピックの開催が告げられると、各都市国家および選手や観客は順次戦争を中止し、オリンピュアに参集した。これがいわゆる「エケケイリア（聖なる休戦）」と呼ばれる休戦期間である。この平和を求める「エケケイリア」について誤解してはいけないことは、「戦争全般が禁止されたのではなく、オリンピックを妨げるような武力行使だけが禁止された」[5]と

いうことである。つまり、この古代オリンピックの休戦の目的は、ギリシャ全体の「平和」を求めることではなく、祭典競技が戦争によって中断されないようにすることであった。さらに、二度の世界大戦や国際政治の介入によって大会自体が中止に追い込まれた近代オリンピックと比較すると、約1,200年もの間、戦争を一時的に中止して祭典競技を行なったという古代オリンピックの継続性はひとつの功績である。

　その後、ギリシャはローマ帝国に征服され、西暦392年にローマ帝国がキリスト教を国教と定めたことで、オリンピア信仰は禁止され、西暦393年の大会をもって古代オリンピックは終焉を迎える。しかし、この古代オリンピックの歴史と功績は、近代オリンピックにも重要な思想として受け継がれ、その思想を反映させたかたちで現代につながるオリンピックを誕生させたのが、クーベルタンである。

3．クーベルタンの平和思想

　今、私たちが目にするオリンピックは、クーベルタンが19世紀末に古代オリンピックの復活を提唱して実現した大会であり、その起源は古代ギリシャにあると理解されている[6]。

　クーベルタンは1883年の20歳のとき、イギリスの学校を訪れ、生徒たちがスポーツを通じて道徳や社会のルールを学んでいることに感銘を受けたとされる。そこで、彼は当時のヨーロッパが戦争の絶えない状況だったことから、スポーツを通じて調和のとれた優れた人間を育てることによって、世界平和が実現されると考えたのである。そして1894年、クーベルタンを中心にIOCが設立され、後にオリンピックの復興へとつながっていくのである。

　さて、クーベルタンの思想の具体例は、1936年にベルリンで開催される第11回大会を準備する市民に向けて1935年8月4日に放送されたクーベルタンのラジオ・メッセージから読み取ることができる。このラジオ・メッセージは、後にドイツの体育学者でクーベルタン研究の大家であるディーム（C. Diem）によって編集され、第10回ロサンゼルス大会の陸上競技男子三段跳の銅メダリストでもある大島鎌吉によって訳された『オリンピックの回想』として出版された。その内容は、現代のオリンピック精神でもある「オリンピズム」の基礎をなしている。クーベルタンがオリンピックを通じて世界中に伝えたかった思想とは、以下のようなものである[7]。

　　①競技信仰の観念

②高貴さ、つまり精粋の観念
③"城内平和"の観念
④４年に一度のリズムの観念
⑤人類の春であり、若々しい成人を祝福する観念
⑥成人男性個人がヒーローの観念
⑦聖苑あるいは聖域の観念
⑧芸術と精神を加えた美の観念

なかでも、③「城内平和」の観念については、次のように詳しく説明している。

　あらゆる扁狭な国民感情には"城内平和"が支配せねばなりません。別の言葉でいえば、"単なる国民感情"の"一時休暇の旅をさせ"ねばならないのであります。"城内平和"の観念は、同時にオリンピズムスの本質的な要素であります。そしてこれはリズムの観念に極めて強く結びついているのです。オリンピック競技は宇宙の厳粛な掟であるリズムに則って祝福されなくてはなりません。というのは、競技は人類の永遠の進歩発展を記念しておこなわれる人間の青春の４ヵ年祭を意味しているからであります。だからこのリズムは極めて厳格に守られなければなりません[8]。

このようにクーベルタンは、古代オリンピックをモデルにしながらオリンピックが単に記録や勝敗を競う場だけではなく、オリンピック期間中、いかなる戦争・紛争も停止する「城内平和」を掲げ、この平和のための休戦がオリンピズムの本質的な要素であると述べているのである。したがって、クーベルタンが提唱する平和思想とは、４年のリズムを厳守しながら、オリンピックのために一時的に休戦する平和志向の社会を意味している。さらに、オリンピックとそれを支える社会の平和のなかに、理想的な人間の姿を見いだしていたとされる。このクーベルタンの「城内平和」に対する考えは、現在、「オリンピック休戦」という活動によって継承されている。

4．「オリンピック休戦」とその実相

　古代オリンピックにおける「エケケイリア」と近代オリンピックにおける「オリンピズム」の思想のもと、1992年の第25回バルセロナ大会前に、国際連合とIOCが共同で「オリンピック休戦宣言」を発している。これは、オリ

ンピックを通じて全世界の争いを一時的に休戦に導こうとする宣言であり、戦争や紛争の停止を呼びかけている。2000年に国連総会で採択された「国連ミレニアム宣言」においても、次のように定義されている。

　　私たちは加盟国に対し、個別および集団的に、今後とも「オリンピック休戦」を遵守すること、ならびに、スポーツとオリンピックの理想を通じて平和と人間の理解を促進しようとする国際オリンピック委員会の努力を支援することを求める[9]。

　この「オリンピック休戦」のアピールは、「すべての国や地域から参加を求める国際主義にたったオリンピックの最低限の成立要件に関わる非常に重い主張であり、『停戦』という極めて具体的なアクションの要請でもある」とされている[10]。

　しかし、「この『オリンピック休戦』決議は1993年に国連が決議を採択し始めて以来、残念ながら一度たりとも完全に守られたことがない」[11]という現実がある。「オリンピックの開催によって世界平和がもたらされることは、現代においては、もはや不可能である」[12]という意見も少なくない。確かにそれは事実であり、過去の例をみてもオリンピックにはテロリズム、あるいは全世界の戦争や紛争を「停止」する力はないように思われる。

　近代オリンピックと平和の結びつきは、クーベルタンの思想に端を発し、現代においても実効性が求められているにもかかわらず、常に困難な状況に直面している。次節では、近代オリンピックが平和を実現するという理想から隔離してきた歴史を概観し、これまでの平和思想の限界を指摘する。

2 ── 「平和」を揺るがす近代オリンピックの弊害

1. 戦争による弊害

　近代オリンピックの歴史において、戦争により中止を余儀なくされた大会は3つ存在する。それは、1916年の第6回ベルリン大会、1940年の第12回東京大会、1944年の第13回ロンドン大会の3大会である。

(1) 第6回ベルリン大会
　第6回ベルリン大会（1916年開催予定）は、1914年7月に勃発した第一次

第 8 章　オリンピックと世界平和

世界大戦によって中止を余儀なくされた。その後、1918年に大戦の終結にともなって、1920年にいまだ戦禍が残るベルギーのアントワープにて第7回大会が8年ぶりに開催されたのである。しかし当時、大戦の敗戦国であるドイツ、ハンガリー、オーストリア、トルコ、ブルガリアらの選手が招待されなかったことや、当時のIOC委員がほとんど戦勝国から選ばれていたことは、政治的な要素が多分に含まれた大会の表れであった[13]。

　この場合、平和の象徴としてオリンピックが世界に貢献するためには、敗戦国の参加を認めるべきだったのかもしれない。しかし、世界大戦があまりにも甚大な被害を各国にもたらしたために、戦勝国と敗戦国における「代理戦争」が再び勃発しかねない状況にもあったのである。つまり、オリンピックの場で繰り広げられる実質的な国家同士の競争は、再び戦争へと転化させる火種をもっていることも確かなことなのである。

　また、この大会では、クーベルタンが考案した五大陸を意味する青・黄・黒・緑・赤の5つの輪のシンボルマークが初めて披露された。この「五輪」の旗によって、オリンピックの国際主義、五大陸の団結、世界中の競技者が集うことが、シンボライズされることになったのである[14]。しかし、外的要因である戦争によって参加できない国が存在したということは、「五輪」の真の意味をアントワープ大会では象徴できなかったともいえるのである。

(2)　第12回東京大会

　第12回東京大会（1940（昭和15）年開催予定）は、日本が当時のイタリアの首相であったムッソリーニ（B. Mussolini）に開催地の立候補の辞退を懇請してまで獲得した大会であった。それにもかかわらず、戦争への道を進んだ日本政府は、オリンピックの競技場建設などに予算を割くことを嫌がり、また世界でも帝国主義国であった日本での大会開催に反対する声が高まった。このような経緯から、大会返上を余儀なくされ、1938（同13）年に返上が正式決定したのである[15]。1909（明治42）年以来、講道館柔道の創始者で日本人初のIOC委員だった嘉納治五郎[*1]らの尽力によって開催決定にこぎつけた東京大会であったが、この東京大会は、中国侵略・軍国主義的な拡大政策に突き進む日本政府の情勢に応じて返上を余儀なくされたのである。その嘉納は、1938（昭和13）年にエジプトで行われたIOC総会で状況説明を行った後、帰路アメリカを経由する途中、太平洋上の船上で生涯を終えた。現在でも嘉納は、日本のオリンピック・ムーブメントに大きな役割を果たした人物としてたたえられている。

＊1　嘉納治五郎
嘉納治五郎は1860（万延元）年に生まれ、講道館柔道を創設した。明治から昭和にかけて日本の学校教育の充実、体育・スポーツの発展、オリンピック・ムーブメントの推進の道を開いた。

113

(3) 第13回ロンドン大会

　東京から返上された第12回大会は、代替地であるフィンランドのヘルシンキで開催されることに決まったが、1939年に第二次世界大戦が勃発したことで、最終的には中止となった。続く第13回ロンドン大会（1944年開催予定）も第二次世界大戦の激化によって中止となったため、大規模な世界戦争の影響を受け２大会続けての中止が余儀なくされたのである。その後、第二次世界大戦終結から３年後の1948年に第14回ロンドン大会が開催された。この大会は世界の国や地域が戦争による荒廃からの復興途中にあり、資材や食糧などの確保に協力し合って開催されたことから「友情のオリンピック」とも呼ばれている。

　一方で、戦争責任を問われ敗戦国でもあった日本とドイツは、制裁措置としてこの大会には招待されていない。第一次世界大戦時と同様、戦勝国と敗戦国という区別によって敗戦国の日本とドイツに招待状は届かなかったのである。それでもこのロンドン大会は、「スポーツが人々に与える力を世界が実感した、意義のある大会となった」[16]とも評価されている。とはいえ、この一連の出来事は、またもや戦争によってオリンピック大会それ自体が揺さぶられたことを表している。そのようななかで開催にこぎつけた実績は認められるが、参加国が制限されているという事実により、「友情のオリンピック」としての意義を十分に果たしたとはいえないであろう。

２．国威発揚として利用されたオリンピック

　1936年の第11回ベルリン大会は、別名「ヒトラーのオリンピック」とも呼ばれている。この大会は、ドイツの指導者ヒトラー（A. Hitler）が率いるナチ党（ナチス：国家社会主義ドイツ労働者党）の力を世界に見せつける場として利用されたものである。ナチス・ドイツの宣伝のために豪華な競技場が造られるなど、大会には多額の予算が投じられたのである。さらにヒトラーは、「アーリア民族（白人）の優性を誇示する祭典」として大会を政治的に利用することを画策し、自ら大会組織委員会の総裁に就き、「祭典」を演出しようともしたのである[17]。

　近年のオリンピックの開会式・閉会式では、開催国の文化を象徴する演出があり、多文化を学ぶよい機会にもつながっているが、その文化的な演出は開催国の政治の力をアピールする場ではない。このベルリン大会は、ヒトラーが「国威発揚」の場として利用し、また当時の社会的問題である人種差別や軍国主義などの様相が色濃く映し出されたため、国際政治に大きく利用

された大会となったのである。

3．テロ対策に追われる戦後のオリンピック

　1972年の第20回ミュンヘン大会は、テロリズムの襲撃が大会そのものに及んだ衝撃的なものであった。それは、大会11日目にイスラエル人選手とコーチら11人が殺害されるという、大会史上最悪のテロ事件が起こった大会である。これにより、大会は36時間中断され、犠牲となったイスラエル選手達の追悼式が執り行われた後、再開されるという経緯を辿った。当時のIOC会長であったブランデージ（A. Brundage）は、「オリンピックの理想は、テロの暴力には負けない」[18]と追悼の辞を述べ、この事件を境に大会のセキュリティ面での警備が一気に厳重化していくこととなった。

　2002年の第19回ソルトレークシティ冬季大会は、2001年9月11日に起こったアメリカ同時多発テロ事件を受けて、さらなる厳重な警備態勢のなかで開催された。2004年の第28回アテネ大会では、イラク情勢が不安定なまま開催するという経緯に基づき、大会警備費を約1,300億円、テロ襲撃に備えた保険契約金、オリンピックが中止された場合の予備的基金などを準備して、「テロ対策」を行ったといわれている[19]。

　テロ対策に終わりはないと感じるほど世界中でテロリズムが蔓延し、被害が相次いでいる。2020年に開催される第32回東京大会もテロリズムの標的となる危険性に鑑みて、多額の警備費用が投入されるであろう。安全確保への特別な対策をしてまで開催されるオリンピックには果たしてどのような意味があるのだろうか。

3 ── 世界平和に貢献するオリンピックの役割とは

1．近代オリンピックにおける「平和」思想遂行の限界

　戦前のような国家による侵略戦争が拡大してオリンピックが中止に追い込まれるような事態は生じていないが、「オリンピックと戦争」「オリンピックとテロ」はまったく無関係ではなく、むしろそれらを必死で回避する対策に追われている。残念ながら、今のところテロリズムや政治的な問題を未然に防ぐ抜本的な対策を考えだすことはできず、ここには限界点がある。今後も外部からの影響がオリンピックにも及んでくることは予想され、オリンピッ

クが純粋に「オリンピック休戦」を追求し、世界平和のために政治的要素をもち込まないという理想を掲げることも、およそ限界の域まできているのかもしれない。さらに、現在のオリンピックは、世界最大のスポーツ・イベントにまで発展を遂げたがゆえに、ドーピング違反のような個人の問題行動がその個人だけですべての責を負えるような単純なものとして処理できない状況にある。オリンピックに関する諸問題は、国家や政治のなかで議論されるにまで至っているのである。

それでは、世界平和に貢献するオリンピックの役割とは何であり、私たちが「平和」を推進するためにはどのような取り組みが必要とされているのだろうか。

2．友好を促進する大会に向けて

近代オリンピックには、「平和の祭典」からはほど遠い歴史的事実が多岐にわたって存在する。また、政治的な問題をもち込まないという姿勢にも限界がある。

2000年の第27回シドニー大会においては、大韓民国と朝鮮民主主義人民共和国の選手団が朝鮮半島をかたどった統一旗を掲げて、一緒に行進をした。これは難しい関係にあった両国が、大会を通じて相互理解を深めるきっかけとなった事例であり、政治的な要素が背景となっている。また、2016年の第31回リオデジャネイロ大会の女子体操に出場した両国の選手も、依然として南北間の政治的な緊張関係が続くなかであったが、一緒に写真を撮るなどしてお互いを励まし合ったという[20]。

つまり、政治的な対立や問題に直面している人々が、大会での活躍を通じて現状を理解し合い、差別の撤廃や友好のきっかけとなる場になることがオリンピックの役目のひとつなのである。こうした友好関係を促す諸条件の啓蒙活動が、「平和」といった普遍的な価値の獲得に大きな役割を果たすことにもなるだろう。私たちには、オリンピックを通じて世界の多様な文化や政治を学びながら、これからの世界が抱える地球規模での「平和」の課題について理解を深めていくことが求められるのである。

第 8 章　オリンピックと世界平和

【引用文献】
1）日本オリンピック委員会「オリンピック憲章（2016年版）」
http://www.joc.or.jp/olympism/charter/pdf/olympiccharter2016.pdf（2018年1月18日閲覧）
2）桜井万里子・橋場弦編（2004）『古代オリンピック』岩波書店　p.53
3）橋場弦・村田奈々子編（2016）『学問としてのオリンピック』山川出版社　pp.47-48
4）関曠野（1996）『プラトンと資本主義』北斗出版　p.61
5）前掲書2）　p.13
6）同上書　p.1
7）早川武彦（2002）「オリンピックの象徴・概念：より早く、より高く、より強く：Citius, Altius, Fortius」『研究年報2002』一橋大学スポーツ科学研究室　pp.21-29
8）ピエール・ド・クーベルタン著、カール・ディーム編（大島鎌吉訳）(1962)『オリンピックの回想』ベースボール・マガジン社　p.204
9）国際連合広報センター「国連ミレニアム宣言」
http://www.unic.or.jp/news_press/features_backgrounders/1360/（2018年1月18日閲覧）
10）姫路独協大学「戦争と平和」研究会編（2006）『戦争と平和を考える』嵯峨野書院　pp.64-65
11）舛本直文（2005）「メダルフィーバーの陰で『オリンピック休戦』アピールを振り返る」『JOA Review』第2号　pp.32-37
12）近藤良享・畑孝幸・真田久・友添秀則・関根正美（1996）「近代オリンピックの批判的検討」『体育原理研究』第27号　p.49
13）蓮見清一（2008）『オリンピックタブー事件史』宝島社　p.44
14）前掲書10）　p.60
15）日本オリンピック・アカデミー編著（2016）『JOAオリンピック小事典』メディアパル　p.105
16）同上書　p.106
17）前掲書10）　p.61
18）同上書　p.62
19）同上書　p.63
20）朝日新聞「Rio 2016 OLYMPICS」2016年8月11日付朝刊14（7）

Column　オリンピックをアフリカ大陸で

> 大きなことを出来る人たちはたくさんいます。でも、小さなことを大切にしようとする人はほんの一握りしかいないのです。
>
> 　　　　　　　　　　　　　マザー・テレサ（1910～1997）：ノーベル平和賞受賞者

　2020年東京オリンピック・パラリンピック競技大会が迫っています。大会に向けての準備が進んでいるなか、気になる話題のひとつに「新国立競技場」があります。国立競技場といえば、「スポーツの聖地」として親しまれてきました。現在は、「有形のレガシー」として再建工事が行われています。オリンピックに向けてのスポーツ施設の建設が話題になるとき、「未来の子どもたちのために……」というフレーズをよく耳にしますが、未来の子どもたちを考える前に、今、オリンピックのための改修工事によって日常の楽しい遊び場を奪われている子どもたちがいます。「今」の子どもたちにとっても、「未来」の子どもたちにとっても有益となるオリンピックとは、一体どのような大会なのでしょうか。

　筆者はこの問いの答えとして、「アフリカ大陸での開催」を本格的に視野に入れるべきだと考えます。「五輪」の輪で唯一、アフリカ大陸での大会が開催されていません。衛生面や環境面などで私たちの想像をはるかに超える厳しい現実があるのかもしれません。しかし、難しいとされるアフリカ大陸での開催に世界中が支援をし、アフリカの子どもたちの「今」と「未来」に向けて、オリンピックの力を発揮すべきときがきたのではないかと強く思います。アフリカの子どもたちの現状を知ることもオリンピックを通じた教育であり、私たちは自らの生活や環境を見直すきっかけにもなります。アフリカ大陸での開催は、競技種目も限られてくることから、肥大化されたオリンピックを見直す契機にもなるでしょう。「大きなこと」や「大きな競技場」ばかりでなく、もっと「身近なこと」や「小さなこと」に目を向けることによって、広い意味で世界中の子どもたちの「今」と「未来」を救うことができます。豪華な大会や立派な競技場を建てるという「大きなことをできる人たちはたくさんいます」。でも、スポーツをしたくてもできない子どもたちがいるという「小さなことを大切にしようとする人はほんの一握りしかいないのです」。水道の整備やスポーツ用具の供給など、オリンピックをアフリカ大陸で開催することによって「平和の祭典」の名にふさわしい大会が実現できるのではないでしょうか。

第9章 スポーツのルールを考える

> **key point**
>
> 本章では、スポーツのルールを考えていくうえで、以下の2点をポイントとします。
> ①それぞれのスポーツのゲーム内容をデザインするルールについて考えてみよう。特に、このルールがゲームの面白さ、安全性、公平性などを保障する機能をもつことを理解しよう。
> ②ゲームへの参加条件を定めるルールについて考えてみよう。特に、この種のルールは、スポーツ全体にわたる人権上の問題を含むことが多くあることを理解しよう。

1 ── 面白さをデザインするルール

1．スポーツにおけるルールの本質的機能：面白さの保障

　人間のあらゆる活動にはルールが存在する。たとえば言語には、物事と語との対応関係、文法などのルールがあり、社会活動には、法律などのルールがある。スポーツにもルールがある。では、スポーツのルールの特性とは何であろうか。

　スポーツ・ルール研究の第一人者である守能信次の考えによれば、「面白さの保障」がスポーツのルールに固有の機能とされる[1]。

　守能に影響を与えた文化人類学者のホイジンガ（J. Huizinga）は、『ホモ・ルーデンス』（遊ぶ人）のなかで次のように述べている。

　　いったい遊びの面白さというのは何だろう？　なぜ、赤ん坊は喜びのあまりきゃっきゃと笑うのか。なぜ、賭博師はその情熱にのめりこんでしまうのか。運動競技が何千という大観衆を熱狂に駆り立てるというのは、どうしてなのだ？」と。この遊びの迫力は、生物学的分析によっては説明されないものだが、じつはこの迫力、人を夢中にさせる力のなかにこそ遊びの本質があり、遊びに最初から固有なあるものが秘められているのである。（中略）自然はわれわれに遊びを、それもほかならぬ緊張、歓び、面白さ

というものをもった遊びを与えてくれたのである。この最後の要素、遊びの「面白さ」は、どんな分析も、どんな論理的解釈も受けつけない[2]。

ホイジンガは、遊びにおいて「面白さ」は本質的であり、それ以上根源的な観念に還元させることができない性質としてとらえている。そして守能は、自らのルール論にホイジンガの考えを応用し、次のように述べている。

「快い」「心地よい」「楽しい」「小気味よい」「手に汗握る」「痛快」「豪快」「爽快」など、まさしくそうしたあらゆる意味においてスポーツは面白く、かつそうした《面白さ》をルールはスポーツに保障する。（中略）スポーツはみずからこれをやっても面白い。と同時に、外から眺めても面白い[3]。

このような守能の考えは、体育学やスポーツ科学の分野において広く受けいれられ、現在においても大きな影響力をもっている。

守能以前の先行研究は、論理的な根拠が十分ではないまま、ルールの機能の根源を道徳概念に求めてきた。たとえば、「スポーツ・ルールの根底には、道徳律の根底にあるとされる正義と公正の観念が伏在している」といった主張が頻繁に繰り返されてきた[4]。守能は、先行研究において展開されたルール機能論が「現実から遊離した、いわば《きれいごと》で済まされてしまっているきらい」があること、また、スポーツ活動は望ましいとされる価値しか社会にもたらさないかのような誤解を招くこと、そして、実際には、そのような観点からルールの機能を説明することなどできないことなどを厳しく指摘した[5]。

守能は、「人は公正とか正義とかいった道徳的価値を求めてスポーツをするのでも観戦するのでもなく、この《面白さ》を得ようとして」スポーツをするのであって[6]、その「面白さ」を保障することがスポーツのルールに求められる機能であると主張する。本章においても、「面白さ」というスポーツのより根源的な存在意義に着目した守能の見解を参考にしたい。

2. ルールのシステム：スポーツのなかにある意味のつながり

スポーツとは、人工的に構成されたゲームである[7]。スポーツのルール（構成的ルール）がスポーツを構成する。言いかえれば、スポーツは、スポーツのルールによってこの世に存在しているのである。たとえば、サッカーという競技が存在するためにはサッカーのルールが必要であり、サッカーのルー

ルがあってこそサッカーのプレーが可能になるのである。

　ルールによって、サッカーという身体的な競争であるゲームが構成され、さまざまな行為に意味が与えられている。「手でボールを扱ってはいけない」というサッカーの特性もルールによって規定されている。このルールがなければ、手でボールを触ってはいけないということは意味をもたないし、そもそも、その行為もサッカーのなかでしか意味をもたない。サッカーでは何をしなければならないのか、何をすることができないのか、サッカーというゲームで意味があることは何なのか、これらのことが、ルールによって形成されている[8]。そうしたそれぞれのスポーツのなかにある独特な意味を、美学者・教育学者である樋口聡は、「スポーツの中にある意味のつながり」[9]と表現する。

　そのような「意味のつながり」によって、ルールのシステム（体系）が構成されている。サッカーにおいては、手でボールを扱わずに、ボールを相手のゴールに入れるという基本的な特性のなかで、また、ハンドボールにおいては、ボールを手で扱って、ゴールを獲得するという基本的な特性のなかで、「面白さ」を維持・促進するルールが作られているのである。

　さて、私たちは「ルール」というと、ルールブックに書かれた文章を思い浮かべるであろう。野球に「公認野球規則」があるように、ほとんどのスポーツにはルールブックがある。しかし、そのスポーツが初めて行われたときからルールブックがあったわけではない。面白そうなゲームをおおまかにデザインしただけで始まった活動もあったことであろう。スポーツに限らず、あらゆる活動のルールにいえることであるが、たとえルールブックのような文章で書かれた規則がなくても、プレーヤー（当事者）間の合意や慣習などによってもルールは形成されていく。

　また、ルールブックができあがったとしても、それは完全無欠の規則集ではない。ルールブックを作った際には想定されていなかった事態は常に起こりうる。ルールブックに答えが書かれていないような事態が起こった場合には、ルールの「解釈」によって事態が解決されることもある（章末のColumn「ルールが沈黙しているとき」を参照）。また、その後、ルールブックの改正も行われる。

　これまでさまざまなスポーツ活動が積み重ねられてきたなかで、文章に書かれた規則、文章には書かれていない慣習や当事者の合意、そして、ルールの解釈などが「意味のつながり」をもって今日のルールを作り上げてきた。これらが織り成すルールのシステムが歴史的に、そして論理的に、時に政治的に形成されてきたのである。

3．ルールに向き合うスタンス

　プレーヤーたちは、スポーツの現場においてルールのもとでプレーをしているが、ルールに向き合う態度は一様ではない。ルールの文言に忠実であろうとするプレーヤーもいれば、ルールの抜け道を探したり、ルールの隙間をつくようなプレーヤーもいる。競技の目的は「勝利」であるのだから、勝利のためにルールの隙間をつく行為がすべて否定されるべきではない。そのような行為のなかから、新たな戦術や技術、そして新たな「面白さ」が生み出される可能性もあるからである。しかし、そのような「ずるい行為（チーティング：cheating）」[*1]がスポーツの面白さを損ねてしまうかもしれない可能性についても考える必要がある。

(1) スアレス選手のハンド

　2010年7月2日、サッカーのワールドカップ南アフリカ大会の準々決勝、ガーナ対ウルグアイ戦でのことである。ガーナが勝利すれば、アフリカ勢として初めてのベスト4進出となる試合であった。1対1の同点で迎えた延長戦のアディショナルタイムに、ガーナ側のゴールが確実に決まっていたはずの場面で、ウルグアイのスアレス選手が故意に手を使ってボールをはじき出し、失点を防いだ。この反則行為に対しては、スアレス選手にレッドカード（＝退場）が提示され、相手側にはペナルティキック（以下「PK」）という、ルール通りのペナルティが課せられた。もちろんスアレス選手は、ペナルティを受けることを承知で反則行為に及んだ。なぜなら、この場面でハンドの反則を行わなければ試合に負けてしまう。しかし、反則を行いPKになれば、ガーナ側がPKを失敗する可能性があり、勝利の可能性がわずかでも残るからである。そして結果として、ガーナ側はPKを失敗し、延長戦終了後のPK戦ではウルグアイが4対2で勝利を収めたのである。

　この反則行為に対しては賛否両論がある。「勝利のためにルールを利用するのはプレーヤーとして当然の行為である」として、スアレス選手を擁護し、彼の判断と反則行為を高く評価する見解がある。その一方で、「彼の行為は、手でボールを扱ってはいけないというサッカーの原理に反する」、あるいは「このような行為が今後の戦術になってしまったらサッカーがサッカーでなくなってしまう」と厳しく批判する見解もある。

　スアレス選手はルール通りのペナルティを受け、そして目論見通りに勝利を得た。このようなプレーもサッカーにおける戦術のひとつであり、サッカーの「一部」、あるいは、サッカーの「面白さ」といえるかもしれない。

[*1] 一般的に、ルールに違反する手段を用いてゲーム状況を操作することを意味する。1986年のサッカーのワールドカップにおいて、アルゼンチンのマラドーナ選手が審判の死角をついて自分の手を使ってボールをゴールに入れた、いわゆる「神の手」事件が有名。

しかし、サッカーの「一部」であるとしても、サッカーの「本質」に反する行為であると考えることもできる。前述の見解にあるように、同様の戦術がサッカーの試合で繰り返し用いられるようになれば、サッカーというスポーツが「面白く」なくなると考えることもできる。なぜなら、手を使わずにゴールするというサッカーの本質的技術が、「ハンド」という非本質的で安易な手段によって損なわれてしまうからである。ゲームの本質やルールの趣旨・目的に反する行為が繰り返され、ゲームが面白くなくなるようであれば、ルール改正もありえよう。

　国際サッカー連盟（Fédération Internationale de Football Association：FIFA）においても、スアレス選手の件が契機となり、ルール改正が議論された。レッドカード（退場）とPKだけではペナルティが軽すぎるという意見もあり、「認定ゴール」（得点確実なゴールが反則によって妨げられた場合に得点を認める）の採用も考えられた。PKのルールは「得点の機会」が侵害されたときにその機会を補償する制度であるが、スアレス選手の行為が、「得点の機会」というよりも、「得点そのもの」を不当に奪ったと解釈すれば「認定ゴール」の制度をデザインすることも考えることができるであろう（2018年1月現在、「認定ゴール」は不採用）。今後、サッカーのルールがどのように変化していくにしろ、ゲームを面白いものとするには、ルールのデザインと解釈の積み重ねが必要なのである。

(2) デザインと解釈の担い手

　筆者が担当したある大学の授業において、学生Aは、スアレス選手の事件と同じような場面に遭遇した経験を語ってくれた。Aが小学6年生であった2009（平成21）年（スアレス選手の事件が起こった前年）、茨城県南部のある少年サッカー大会において、Aのチームの選手が放った決定的なゴールを相手チームの小学生Bが故意に手を使って防いだ場面である。審判は、そのプレーに対して、ルール通りレッドカードを提示してBの退場を宣告し、A側にPKを与えようとした。しかし、その直後、両チームの監督と審判とが話し合いを始め、その結果、反則によって防がれたゴールを得点として認める（「認定ゴール」とする）こととした。この裁定は、もちろんルール通りではない。しかし、両チームの小学生たちは、この裁定に納得し、誰も不満を漏らさなかったようである。あなたは、この審判と両監督が決めた裁定に賛成されるだろうか。それとも、反対されるだろうか（ちなみに筆者は賛成する）。

「ルールに基づいてプレーする」「ルールの裏をかく」（プレーヤー）、「ルー

ルを適用する」(審判)、「ルールブックを作る」「ルールを改正する」(競技団体)。スポーツに携わる人たちは、さまざまなかたちでルールに関与している。ルールブックを作るのは競技団体の役割である。しかし、ルールが現実のゲームにおいて機能するときには、プレーヤーと審判がその競技のあり方をゲームにおいて具体化している。また、観客もプレーの「あり方」に照らして現実のプレーを評価する。つまり、競技団体だけではなく、プレーヤーも、審判も、さらには観客であっても、広い意味でのルールの形成に寄与している。いずれの立場であっても(もちろん影響力の強弱はあるにしろ)、ルール形成の担い手、つまり「面白さ」をデザインする担い手であることには変わりはない[10]。

2 ── プレーするためのルール

1．競技の本質と安全

「面白さの保障」は、スポーツにおけるルールの重要な機能である。しかし、「面白い」ということだけならば、スポーツ以外のゲームにも同じことがいえる。本節では、さらに、スポーツという活動の特性に沿ってそのルール固有の機能について考えたい。

樋口は、「遊戯(遊び)」「ゲーム」「競技」「スポーツ」の関係を次のように説明している[*2]。まず、「遊び」からルールによる組織化が図られたものが「ゲーム」である。そして、ゲームには、「競争」を含むものと含まないものとがある。「競争」を含んだゲームが「競技(コンテスト)」であり、チェスや将棋のようなゲームも含まれる。そして、「競技」が競技者の身体活動によってなされ、身体的な卓越性を競うのが、近代の「スポーツ」、すなわち本章で取り上げる「スポーツ」となる[11]。

実は、「ゲーム」「スポーツ」という言葉が何を示すのかは必ずしも明瞭ではない。しかし、本節においては樋口の定義に依拠し、スポーツが「競争」であること、そして「身体活動」であることを前提にして、スポーツにおけるルールの機能とデザインのあり方について考えてみたい。

まず、スポーツが遊戯であり、ゲームであることからは、守能がいうように「面白さの保障」がルールの機能として挙げられよう。また、競争であることからは、「公平性(フェアネス)の確保」が挙げられる。そして、身体活動であることからは、「安全の保障」を挙げておこう。身体活動であるが

*2
第1章の「グートマンが示した近代スポーツの特徴」(pp.14-15)も参照。

ゆえに、活動内容に付随する危険がある。そして、もちろん、競技・種目に応じて、そこに含まれる危険の程度や内容は異なる。

　たとえば、野球において、プレー中に相手を殴ったり、タックルをすることは禁止されている。これらの行為を禁止する主な理由は「危険」だからである。しかし、ボクシングにおいては、相手を殴る行為は禁止されていない。逆に、相手を殴ることが競技における主たる行為として奨励される。ボクシングは、パンチなどの技術を用いて、相手の身体をコントロールする能力の卓越性を競う競技なのである。ボクシングというスポーツの文脈において、相手を殴る行為を禁止することは、このスポーツを根本から変えてしまうことになる。

　それぞれのスポーツにおいて、ルールが保障する「安全」は、「絶対的な安全」なのではなく、そのスポーツの本質やシステムを逸脱する「余計な危険」やアスリートたちの可能性を奪う「過剰な危険」を防ぐことと考えるべきであろう。

2．野球におけるコリジョンルール

　2016（平成28）年、日本のプロ野球（日本野球機構：Nippon Professional Baseball Organization、以下「NPB」）において、本塁上の捕手に対して走者がタックルをする行為を禁止する、いわゆる「コリジョン（collision：衝突）ルール」が採用された（「公認野球規則」6.01（i））。

　このルールの制定には次のような背景がある。2011年、アメリカのプロ野球（メジャーリーグベースボール：Major League Baseball、以下「MLB」）において、サンフランシスコ・ジャイアンツのポージー捕手が本塁に突入してきた走者と衝突し、左脚腓骨骨折と左足首靱帯断裂の重傷を負った。走者による捕手へのタックル行為は以前からみられたが、この頃から、アメリカのスポーツ界において、競技者に不要なダメージを与えるラフな行為が「マッチョ・ナンセンス（無駄なマッチョさ）」として問題視されだした。ポージー選手の事例を契機に議論が高まり、2014年のシーズンからMLBにおいて同ルールが採用されたのである。NPBもMLBに追随して2016（平成28）年のシーズンから同ルールを採用した。

　このルールの採用にあたっては賛否両論があった。「タックルの禁止がゲームを面白くなくしてしまうのではないか？」という見解がある一方で、「そもそもタックルは野球の本質に含まれないのではないか？」「非本質的な行為で選手がダメージを負うのは避けるべきではないか？」といった意見も

あった。議論の結果、後者の見解が優位を占めた。タックルは野球の本質には含まれない、あるいは、野球という文脈で発揮されるべき技術ではないと判断され、衝突によってもたらされる「余計な危険」や「過剰な危険」を防止すべきであるという結論に達したのである。新しいルールを導入する際の議論では賛否両論があるものだが、妥当な結論を導くにあたっては、そのスポーツの本質とは何か、どのような卓越性が競われているのか、といった哲学的、原理的な視点が有効なことがある。

3．スポーツの文脈における危険と過剰な危険

　ボクシングは相手を殴るスポーツであり、そもそも高い危険性を内在するスポーツである。また、アメリカンフットボールも強烈なタックルをともなうスポーツであり、プレー中にヘルメット同士が衝突し、プレーヤーが脳しんとうを起こすシーンも多くみられる。

　ボクシングもアメリカンフットボールも「危険」なスポーツであり、プレーヤーもそこに内包される危険性をある程度は了解し、危険を引き受けていると考えられる。しかし、彼らが「死んでもかまわない」とか「脳機能障害になってもよい」と思っているわけではない。いくら危険なスポーツであるとはいっても、死亡事故や深刻な後遺障害などの「過剰な危険」が起こってよいはずはない。ボクシングやアメリカンフットボールにおいては、脳機能障害の後遺障害事例が報告されている。危険防止のためのルール改正は行われてきたし、これからも競技環境が改善されていくべきであろう。しかし、もし、これらの競技の場がプレーヤーたちの人生の可能性を奪う場とみなされるようになれば、そのスポーツを本質的に変えてしまうこと（別のスポーツになること）や、あるいは、そのスポーツが廃止されることもありうる。

　あるスポーツの文脈における「余計な危険」を防止することとともに、スポーツ内の文脈のみならず、プレーヤーの人生全般にも及ぶ「過剰な危険」を防止していかなければならない。

3 ── ルールとペナルティ

1．正当な利益の回復・補償と不当な不利益の予防

　ゲームのなかでどのような行為が認められ、どのような行為が禁止されて

いるのかがルールによって規定され、それによってゲームに一定の秩序が確保されている。禁止された行為が行われると、多くの場合、ゲームは中断され、反則を犯したプレーヤーやチームにはルールに基づいてペナルティが与えられ、しかるべき方法でゲームが再開、あるいは続行される。では、なぜ、特定の行為が禁止されるのか。それは、そのスポーツの本質や性質に結びつく。

あるスポーツの性質を逸脱し、対戦相手に危害を加えるような反則行為は言うまでもなく安全性を損なう。そして、競争であるスポーツにおいては、発揮されるべき能力を最も発揮したプレーとプレーヤーに、それに見合った評価や結果が相応に与えられることが公平である。反則行為は、こうした競技の公平性をも損なう。そのため、ルールにはペナルティが設けられ、一方の競技者・チームが正当な技術によって得た（あるいは得られたはずの）利益が損なわれた場合にそれらを回復・補償し、あるいは正当な利益が損なわれそうな事態を未然に防ぐのである。前述したサッカーにおけるPKのルールは、正当に得られた得点の機会が反則によって奪われた場合にそれを回復・補償するルールである。

そして、ペナルティも、最終的には「面白さ」を保障するために設けられているといえる。ケガ人が続出するようなゲームは面白くないから、安全を確保するルールが設けられており、公平ではないゲームは競争として面白くないから公平性を確保するルールが設けられているのである。

2．なぜルールを守らなければいけないのか

「なぜルールを守らなければいけないのか」。スポーツにおけるこの問いに端的に答えてみたい。答えは、スポーツはルールによって人工的に面白く作られたゲームであるから、である。

人工的に作られたゲームが行われるためには、そもそもそのゲームに参加する意思がプレーヤーになければならない。楽しむためにわざわざ作られたルールに意図的に従わない人は、そもそもそのゲームに参加していないと考えることができる。つまり、ゲームに参加しようとするのであれば、プレーヤーはそのルールに従わなければならないのである。

ルールを守らなければならないのは、ルールを意図的に守らない行為が道徳やスポーツマンシップに反するからではなく、そのゲームの面白さを損ない、そのゲームの存立自体を危うくするからである[12]。

4 ── 参加条件を定めるルール

　本節では、スポーツに参加するための条件を規定するルールについてみていく。前節までのような、それぞれのスポーツのゲームをデザインするルールとは異なり、スポーツ全体、あるいは競技者の人権にもかかわるルールである（したがって、考察の視点も前節までとは異なる）。これまでのスポーツの歴史においては、競技への参加を拒絶されてきた人たちがいる。本節では、現在も議論が続いているジェンダー（性別）に関するルールについて考えてみる。

1．性別二元制にかかわるルール：性別確認検査

　スポーツにおいては、馬術などの一部の競技を除き、競技者は男子か女子のどちらかに区分される。しかし現実には、人を男女の2つに明確に分けることは難しい。身体的な性をみても、さまざまな特徴をもつ人たちがいる。たとえば、典型的な男性・女性の性器をもたない人、あるいは両方をもつ人や、性染色体が典型的なタイプではない人がいる。また性ホルモンも個人差が大きく、テストステロン（いわゆる男性ホルモン）が多い女性や、逆に少ない男性もいる。

　また、人間の性を決定する要素としては、身体的な性のほかにも、性自認（自分をどちらの性だと思うか）、性的指向（どちらの性を好きになるか）があり、性のあり方は実に多様である。そのような現実にもかかわらず、スポーツの世界は、一般社会と同様に（あるいはそれ以上に）人間を男女のどちらかに分類しようとする。

　特にハイレベルの競技においては、女性に扮した男性が、女子として競技に参加することを防ぐため、性別確認検査が行われてきた。1966年、欧州陸上競技選手権において、「視認」（検査官医師が裸の女子選手の性器を視て確認する方法）による検査が行われて以来、性染色体検査（染色体が女性の典型である「XX」型であることを確認する方法）や高アンドロゲン検査（いわゆる男性ホルモンといわれる「テストステロン」の量を調べる方法）などが行われてきた。

　これらの検査によって失格とされた選手は数多くいる。しかし、彼女らは性別を偽っていたわけではなく、女性として生活をしてきた人たちである。しかも、性染色体の型やテストステロンの量などは、本人さえも知らなかっ

たプライバシーであり、それらが勝手に暴かれ、そのうえ、競技に参加する機会をも奪われた。そのような人権侵害ともいえる性別確認検査が現代のスポーツにおいてどのような意義をもつのか、再考の時を迎えている。

2013年、インドの陸上女子短距離走のデュティ・チャンド選手は、テストステロンの基準値（10nmol/ℓ以下）を超えていたため、女子の競技への参加を禁じられた。彼女が競技に出場するためには、健康であるにもかかわらず、テストステロン値を下げる「治療」を受けなければならない。しかし、2014年彼女は、国際陸上競技連盟（International Association of Athletics Federations、以下「IAAF」）が下した競技資格剥奪の決定に対する差し止めを求めて、スポーツ仲裁裁判所（Court of Arbitration for Sport、以下「CAS」）に異議を申立てた。その結果CASは、チャンド選手の競技復帰を認め、IAAFに対してルールの科学的正当性が証明されるまで、同ルールの運用を停止するように命じた。この裁定によって、チャンド選手は2016年の第31回リオデジャネイロオリンピック競技大会に出場することができたのである。

女子競技への参加資格と性別確認検査をめぐるルールについては、現在でも議論は続いている[*3]。

*3 2018年、IAAFは、女子中距離（400～1,600m）種目に参加する女性アスリートに、テストステロン値を5nmol/ℓ以下に抑制するよう条件を課すルールを定めた。これに対し、生まれつきテストステロン値が高いキャスター・セメンヤ選手（南アフリカ：2012＆2016年五輪女子800m金メダリスト）は、このルールの撤廃を求めてCASに訴えを起こした。しかし、2019年5月、CASは、女子種目の公平性を守るためにこのルールが必要であるとして、彼女の訴えを退けた。この規定をめぐる議論は今後も続いていくことが予想される（2019年12月現在）。

2．トランスジェンダーの参加資格

身体の性と心の性が一致せず、心の性に合わせて身体を変え、性別を変えたアスリートの競技参加をめぐっても議論があり、ルールが形成されてきている。現在、国際オリンピック委員会（International Olympic Committee：IOC）が定めているルールのもとでは、トランスジェンダー[*4]の競技者が新しい性別で競技に参加するための条件は、次の2つである。①性自認（心の性）が「男性」あるいは「女性」であることを宣言する。ただし4年間は変更不可、②男性から女性に性を変えた場合のみ、出場までの1年間、テストステロン値を10nmol/ℓ以下に維持していること（女性から男性に性を変えたアスリートには②の条件は不要）。

2015年までのルール（2004～2015年）では、次の3つの条件が課せられていた。①性別適合手術から2年以上が経過、②性別適合手術後のホルモン治療が検証可能な方法で十分な期間行われている、③新しい性別の法的な承認である。しかし、①の性別適合手術は身体への負担が非常に大きく、そのうえ、術後2年間は競技に参加することができない。そのため、せっかく実力があっても競技に参加できない事態が生じた。

そのような旧ルールから現行ルール改正の契機となったのが、アメリカの

*4 トランスジェンダー
身体の性と心の性（性自認）が一致しないなど、出生時に割り当てられた性別に違和を感じる人を表す総称。「トランス（trans）」は「越えて」「他の側へ」などの意味を表す接頭語。

トライアスロン競技のクリス・モージャー選手の存在である。彼は、身体は女性であるが、心は男性であり、男子の競技会においても入賞できる実力をもっていた。旧ルールのもとでは、性別適合手術を受けていない彼は男子の競技に出場できなかったが、新しいルールのもと、アメリカ男子ナショナルチームのメンバーに選ばれ、活躍している。

　男女それぞれのカテゴリーにおいて競技に参加するためのルールも時代によって変わる。現在は、テストステロンの基準が性別確認検査においても、また、トランスジェンダーに対しても用いられている。しかし、これは男女を分ける絶対の基準ではない。今後もルールの妥当性や新しいルールの可能性についての議論が続いていくことであろう。

　そして将来、男女を二分するスポーツのあり方についても、哲学的な議論が求められるときが来るかもしれない。

【引用文献】

1）守能信次（2007）『スポーツ・ルールの論理』大修館書店　pp.53-67
2）ホイジンガ（高橋英夫訳）（1973）『ホモ・ルーデンス』中央公論社　pp.18-19
3）前掲書1）　pp.59-60・66
4）菅原禮（1980）『スポーツ規範の社会学：ルールの構造分析』不昧堂出版　pp.258-269など
5）守能信次（1984）『スポーツとルールの社会学：〈面白さ〉をささえる倫理と論理』名古屋大学出版会　pp.30-35
6）前掲書1）　p.66
7）多木浩二（1995）『スポーツを考える：身体・資本・ナショナリズム』筑摩書房　p.108・132
8）樋口聡（2017）「ゲームを破壊するもの」友添秀則編著『よくわかるスポーツ倫理学』ミネルヴァ書房　p.83
9）同上
10）松宮智生（2016）「スポーツとルール」友添秀則・岡出美則編著『教養としての体育原理（新版）：現代の体育・スポーツを考えるために』大修館書店　p.137
11）樋口聡（1987）『スポーツの美学：スポーツの美の哲学的探究』不昧堂出版　p.19
12）前掲書8）　p.89

【参考文献】

川谷茂樹（2005）『スポーツ倫理学講義』ナカニシヤ出版
中村敏雄（1995）『スポーツルール学の序章』大修館書店
中村敏雄（2001）『オフサイドはなぜ反則か』平凡社
守能信次（2007）『スポーツ・ルールの論理』大修館書店
友添秀則編（2017）『よくわかるスポーツ倫理学』ミネルヴァ書房
マイク・ローボトム（岩井木綿子訳）（2014）『なぜ、スポーツ選手は不正に手を染めるのか：アスリート不正列伝』エクスナレッジ

第9章 スポーツのルールを考える

Column　ルールが沈黙しているとき

> 裁判官は、政策ではなく原理を根拠としてコモンロー〔英米の法体系〕上の判決を下さなければならない。
> 　　　　　　　　　　　　　　　ロナルド・ドゥウォーキン（1931〜2013）：アメリカの法哲学者

　スポーツの現場では、ルールブックが想定しなかった事態は常に起こりえます。ルールブックに答えが書かれていないとき（「ルールが沈黙しているとき」）に審判はどのように判断をすればよいのでしょうか。

　同じような課題は、国家のルールである法律でも起こりえます。ルール（法律）が沈黙しているとき、裁判官はどのように判断をするべきか。法哲学と呼ばれる領域において、このような課題についての議論が重ねられてきました。

　法哲学には、「法実証主義」という立場があります。各国で作られる実定法（議会などで制定された法）のみが法であるとする考え方です。スポーツでいえば「ルールブック」のみがルールである、という考えになります。

　法哲学者のドゥウォーキンは、そんな法実証主義を批判しました。法実証主義の考え方では「ルールが沈黙している」ときには、裁判官は何も判断をすることができないではないか、と厳しく指摘します。彼は、そのような場合に裁判官は、実定法の背後にある、より一般的な「原理」を探っていく必要があると説きます。そして、関連する実定法のすべてとできるだけ整合する（矛盾しない）かたちでルールを「解釈」して、理論を構築する必要性を強調します。彼は、ルールブックの言葉だけではなく、ルールのシステム（意味のつながり）を「純一性（integrity）」のある原理的統一体として解釈することを求めているのです。

　スポーツにおいても、もちろん、ルールブックや慣習などの「事実（あるルール）」を根拠にして審判が行われますが、それだけでは解決できない問題が起こりえます。「ルールが沈黙している」場面において適切なジャッジをするためには、ルールや慣習から、さらにもう一段高い次元で「原理」を探る解釈、すなわち哲学的思考が必要となるのです。スポーツの現場でよりよい結論に向かってルールを「解釈」するとき、哲学は大きな力になりえます。

第10章　スポーツにおける美しさを考える

> **key point**
>
> 　本章では、スポーツと美しさとの関係について、以下の3つの観点から考えてみたいと思います。
> ①美の定義を理解したうえで、スポーツを見たときに感じる美しさについて考えてみよう。
> ②芸術の定義を理解したうえで、スポーツと芸術との関係を考えてみよう。
> ③スポーツ、美、芸術という3つの観点を基に、スポーツと美しさをテーマにしたこれからの議論の方向性を考えてみよう。

1 ── スポーツと美しさ

　スポーツと聞くと、身体を鍛え上げた選手同士が荒々しく対峙する激しさをイメージする人がいるかもしれない。しかし、時として私たちは、そのような激しい攻防が繰り広げられるスポーツの世界のなかにも美しさを見つけ出すことがある。たとえば、多少なりともスポーツに興味がある人であれば、スポーツ選手のプレーを見て美しさを感じたという経験があるのではないだろうか。本節では、私たちがスポーツを見たときに感じる美しさをテーマにしつつ、スポーツと美しさという一見すると無関係でもあるような事柄の関係性を考えてみたい。

1．美しさの観点からみたスポーツ

　スポーツと美しさを考えるときに、真っ先に頭に思い浮かぶこととして、先にも述べたようなスポーツ選手が見せてくれるプレーの美しさを挙げることができるだろう。たとえば、野球の内野手による流れるようなダブルプレー、サッカー選手による幾何学模様を描くかのようなパス回し、プロゴルファーがティーショットを打つ際のフォーム、陸上短距離の選手が疾走する際の足の運びなど、私たちが目にするスポーツの多くの場面には美しさを見いだすことができる。

　だが、スポーツ選手から見てとれる美しさはプレーに限ったものではない。

プレー以外にもたとえば、スポーツ選手の鍛え上げた筋骨隆々の身体を見た際にも美しさを感じることもあるかもしれないし、節制を重ねて作り上げた均整のとれたプロポーションに美しさを感じることもあるだろう。このような美しさというのは、特定のスポーツに取り組んできた選手ならではの身体美ととらえることができる。

さて、スポーツから見いだせる美しさというのは、選手が見せてくれるプレーの美しさや選手の身体美に限った話ではない。私たちは選手が試合中に時折見せる振る舞いなどにも美しさを感じることがある。たとえば、陸上競技のマラソンでゴール直前に先頭争いをしながら互いにしのぎを削り合っていた選手同士が、ゴール直後に抱き合いながら互いの健闘をたたえ合う姿、あるいはサッカーの試合中にプレーの競り合いによって倒れこんでしまった相手選手に対して優しく手を差し出す選手の姿などを見たときに、観客はその選手の振る舞いに美しさを感じるものである。このような振る舞いとしての美しさも、スポーツの場面では多々みられるものである。

2．美しさとは何か？

(1) 美の定義

「美しさとは何か？」、言いかえれば「美とは何か？」という問いには、さまざまな見解がある。美に対して多くの見解がみられるのは、美という概念が客観的にも主観的にもその意味が多岐にわたっているからである[1]。美を明確に定義することは困難なことであるが、ここでは日本語としての美の意味に立ち返り、まずは辞書的定義から美をとらえてみたい。『広辞苑』によれば美は次のように定義される[2]。

　①うつくしいこと。うつくしさ。
　②よいこと。りっぱなこと。

一方で、『哲学・思想事典』において美は次のように定義されている。

　古代ギリシアにおいて、「美しい」（kalos）という形容詞は、感覚的に美しいものだけでなく、有用な事物や道徳的に優れた行為についても用いられた[3]。

以上の定義からわかることは、私たちが芸術作品や自然風景を見た際に美

しいと感じるその感覚的なものだけが美なのではなく、よい行いや立派な振る舞いをも美としてとらえることができるということである。

(2) 自然美・芸術美・技術美

さて、美についての辞書的定義が明らかになったところで、もう少し深く美について考えてみたい。

私たちが美しさを感じるという美的経験を原理的に明らかにする分野として「美学」と呼ばれる学問領域がある。美学において美的現象は「自然美」と「芸術美」に区分されてきた[4]。自然美とは、「風景や花のような自然物の美しさ」[5]のことであり、芸術美とは人間がその自然物に手を加えることで生み出される事象の美しさのことである。

また、自然美と芸術美という2つの区分に加え、技術のなかの美、いわば技術美の存在を明らかにした人物として美学者の中井正一がいる。中井は技術美の存在について言及するなかでスポーツにも触れつつ、次のような指摘をしている。

　　人間の創った道具、建築、あるいはスポーツなどというような、人間の技術がつくりあげたものに、私たちがぶつかった時、美しいなと思うことは、どんな意味をもっているのであろう[6]。

ここで中井が技術美について言及するなかで、スポーツを議論の対象に挙げたことは、その後の体育・スポーツの研究にも大きな影響を与えた。特に「体育美学」および「スポーツ美学」[*1]の提唱者の一人である近藤英男は、中井の立場を援用しつつ、自然美、芸術美、技術美の区分を次のように示している[7]。

自然美＝身体美（体操運動による美的身体形成）
芸術美＝舞踊美
技術美＝スポーツ美／日常行動の美

ここでは、美の区分である自然美、芸術美、技術美に対し、美的現象である「身体美」「舞踊美」「スポーツ美」「日常生活での行動美」がそれぞれ対応するという構図になっている。

なお、ここで技術美に位置づけられた日常行動の美について若干の説明を加えておきたい。日常行動の美とは、私たちの普段の生活行動のなかに見い

*1
体育美学とは「美学」の位置づけとして、「行動美学」あるいは「運動美学」に位置づくものであり、そこには身体活動（スポーツ、ダンスなど）、身体そのもの、日常生活における身体行動などが包含されている。したがって、「体育美学」と「スポーツ美学」の違いについては、「体育美学」のなかの一領域として「スポーツ美学」が位置づけられるという理解である。

だされる美である。つまり、日常生活の行動が形態的にも機能的にも洗練され、単純化され、様式化された「型」となった際にはそこに美しさが見いだされるということを意味している。たとえば、親が子どもに生活行動の「型」を教えることを漢字で「躾」と表記するが、これは文字通り「"身"体行動の"美"しさ」を伝承することなのである。したがって、「型」というのは行動の一つひとつを美しく見せる技術なのであり、日常の行動のなかに見いだされる美もまた、ひとつの技術が表出した美としてとらえることができるのである。

3．スポーツを見たときに感じる美しさの区分

　それでは、ここまでの美の定義を基にスポーツの美しさとは何かを考えてみたい。ここでは第１項にて例示した、スポーツ選手のプレーを見たときに感じる美しさ、選手の身体を見たときに感じる美しさ、選手の振る舞いを見たときに感じる美しさという３点を題材に議論を進めていく。

(1) 選手のプレーを見たときに感じる美しさ

　スポーツ選手から見てとれる美しさのひとつである美しいプレーというのは、美の区分にしたがえば、スポーツ美であり技術美に該当するものである。つまり、私たちがスポーツ選手のプレーを見てそこに美を感じるということ、それはスポーツにおいて選手が身体を通して表現する技術に心を動かされているということである。

　技術という言葉を狭い意味でとらえるならば、それは生産技術を意味する言葉であり、「人間が自然に働きかけて、事物を生産するやり方、あるいは目的を実現する手続き」[8]を意味しているとされる。たとえばサッカーを例に考えた場合、その技術のひとつとして足でボールを上手にコントロールするという動きが挙げられるが、ボールをコントロールすることは、得点（ゴール）という目的を実現する手続きとしての意味をもつ技術ということができる。そして、得点（ゴール）という目的を達成することができたとき、言うなればボールをコントロールするという技術が正しく発揮されたのを目の当たりにしたとき、私たちはそこに美を感じることがある。他方、陸上競技の場合などでも、速く走ることのできる選手が疾走するフォームを見ると、そのフォームに美しさを感じることがある。つまりここでも、より速く走るという目的を実現する手続きが正しく発揮され、目的が達成できた際には、技術美という名の美が表出していると考えられるのである。

(2) 選手の身体を見たときに感じる美しさ

　次に、スポーツ選手の身体を見た際に感じる美しさについてであるが、これはまさに身体美であり自然美に該当するものである。しかし、自然美たる身体美というのは単なる筋肉美や裸体美ではないという考え方もある。

　近藤によれば、身体美としての美しさというのは、そこに美しい魂をも見いだされているのだという[9]。つまり、身体としての美と人間としての善が統合された理念の象徴として、私たちは身体のなかに美を見いだしているという考え方もできるのである。

(3) 選手の振る舞いを見たときに感じる美しさ

　スポーツ選手の振る舞いを見た際に感じる美しさは、日常行動の美として技術美に位置づくものである。先の説明のなかで、行動の一つひとつを美しく見せる技術が「型」となり、それを「躾」として親は子どもに伝承すると述べたが、選手がプレー中のふとした機会に垣間見せる一つひとつの振る舞いのなかにも、その選手が身につけている生活行動の「型」を観客は見つけ出しているといえるのである。日本では本来的に、作法やマナーなどの行動様式が型の美学として認められてきた背景もあり、スポーツにおいても選手のマナーのなかに観客は美しさを見いだしていると考えることができるのである。

2 ── スポーツと芸術

　前節では、スポーツと美しさとの関係をその定義とともに紹介してきたが、本節ではスポーツと芸術との関係性を考えてみたい。スポーツと芸術との関係性を考える際に必ず問われるテーマが、「スポーツは芸術か否か？」という問いである。この問いも含めスポーツと芸術についての研究は、これまでにも体育・スポーツの研究領域において取り上げられてきた課題であり、特にベスト（D. Best）とワーツ（S. K. Wertz）、あるいは美学者・教育学者である樋口聡など多くの研究者がこの課題に取り組んできたとされる[10]。彼らのなかでも特に、ベストはスポーツが芸術ではないことを示した論客として著名であり、そのベストの見解に反論しスポーツには芸術的側面があることを示した論客として知られるのがワーツである。

　さて、本節での議論は上記に示したような特定の立場に依拠するものではない。スポーツが芸術か否かを問うという課題は、いまだに一義的な結論が

見えない興味深いテーマであるため、ここでは再度、辞書的定義などの基本に立ち返りつつ、スポーツと芸術の関係性を考えていきたい。

1．芸術性を競い合うスポーツ

　芸術という言葉を聞くと、美術館に展示されている絵画や彫刻、あるいは演舞場で舞われる舞踊などをイメージするのが一般的ではないだろうか。それは一見すると、スポーツとは無関係の事象であるようにも感じられるかもしれない。野球やサッカー、陸上競技やレスリングなど、スポーツという言葉を聞いてイメージする事象は、芸術とは縁遠い存在であるようにも感じられる。

　しかし、スポーツのなかにはプレーの芸術性に対する評価を競い合う形の競技も存在する。それはたとえば、フィギュアスケートや新体操競技、シンクロナイズドスイミングなどである。同じスポーツであっても、野球やサッカーなどとは一線を画する形でプレーが展開されるこれらのスポーツの存在こそが、スポーツと芸術との関係性を問うきっかけとなっているのである。

　野球やサッカーとフィギュアスケートや新体操競技との違いについて、そのひとつの見解として、勝利を目指すプレーに対する芸術的評価の有無を挙げることができる[11]。たとえば野球の場合、ピッチャーは勝利を目指しボールを投げ込み、バッターはバットを振り、内野手・外野手は打球をキャッチするが、それらのいかなるプレーであっても芸術的な評価を受けることはない。ピッチャーがどれだけ美しいピッチングフォームでボールを投げようとも、バッターのスイング軌道がどれだけ美しくとも、野手がどれだけ華麗に打球を捌こうとも、それらのプレーが勝利に結びつかなければ、そのプレーは意味をもたないのである。それに対し、フィギュアスケートでは選手のプレーそれ自体が評価され、その評価が勝敗に直結することになる。このように、同じスポーツであっても選手のプレーが勝敗を左右する評価の対象になるか否かの違いがあることがわかる。そして、プレーを評価する観点として芸術的評価がひとつの指標になっているところに、スポーツと芸術との関係性を問うという課題が生じる背景があるのである。

2．芸術とは何か？

(1) 芸術という言葉に内包される意味

　「芸術とは何か？」という問いに対する見解にも、美に対する問いと同様

に多くの考え方がある。ここでは、まずは辞書的定義としての芸術の意味をみてみたい。『広辞苑』および『哲学事典』において芸術は次のように記述されている。

①技芸と学術。
②一定の材料・技術・身体などを駆使して、観賞的価値を創出する人間の活動およびその所産。絵画・彫刻・工芸・建築・詩・音楽・舞踊などの総称。特に絵画・彫刻など視覚にまつわるもののみを指す場合もある[12]。

　文化の発展につれて、芸術は科学と対立するものとされ、さらに現在では限定されて、人間の創造活動、とくに造形的手段により自己の世界観を意識的に表現しようとする活動をさす。芸術は具体的な個物のなかに普遍的なものを表現しようとする技術、知的活動である[13]。

つまり、芸術という言葉に内包される意味として、1つ目は人間の創造活動を通して所産された観賞的価値をもつものの総称という意味が挙げられる。またこれに加え2つ目として、その所産を創出するための創造活動それ自体、特に自己の世界観を意識的に表現しようとする創造活動そのものが、芸術という言葉の意味には内包されているのである。

(2) 芸術の定義

　芸術の定義をみるかぎり、その言葉には観賞的価値をもつ所産、およびその所産を創出する創造活動という2つの意味があることがわかる。しかし、創造活動という言葉だけをみるならば、私たちが日常的に行う活動の多くが創造活動であると考えることもできる。たとえば、料理を作ることや、手芸で洋服を作ること、日曜大工で家具を作ることなども、創造活動といっても差支えないようにも感じられる。芸術という意味での創造活動は、どのように考えればそのほかの活動と区別できるのだろうか。この点についてもう少し深く考えてみたい。

　まずは、芸術についてより詳細な定義が示されている『美学辞典』での議論を紹介する。

　芸術とは、予め定まった特定の目的に鎖されることなく、技術的な困難を克服し常に現状を超え出てゆこうとする精神の冒険性に根ざし、美的コミュニケーションを指向する活動である[14]。

この指摘のなかでの要点は、芸術が予め定まった目的に鎖されていないということ、および芸術が美的コミュニケーションを指向する活動であるということの2点である。1つ目の目的が定まっていないという点は、芸術が自由な創造を指向している活動であることを意味している。つまり、絵画であれ、音楽であれ、舞踊であれ、それらは特定のルールや規律に縛られることのない自由な活動を通して創造された所産だからこそ芸術となりうるのである。

　2つ目の美的コミュニケーションとは、芸術における基本過程が「創作—芸術作品—味解（鑑賞）」であり、創作と味解（鑑賞）の両者が互いにほかを必要とする相互作用をなしていることを意味している[15]。つまり、芸術では作品を媒介とした創作者側と鑑賞側との相互作用（コミュニケーション）が成立するのであり、それは作品およびその作品を所産するための創造活動が、観られるという客観性の存在があってはじめて芸術として成立することを意味しているのである。

　なお、「芸術とは何か？」に対する答えを導き出すことはとても困難な課題である。美学者の佐々木健一も、「時代により場所により、芸術の領域は変動をまぬがれない」[16]と指摘している。しかし同時に「一定の基本的な概念内容をみとめているのでなければ、そもそもこのような変動を語ることさえ不可能であろう」[17]とも述べている。したがって、上記の芸術の定義もまた、一義的な答えではないかもしれないが、スポーツと芸術との関係を考えていくうえでのひとつの指標としての定義にはなりうるであろう。

　さて、以上の指摘もふまえつつ、本項において芸術は次のように定義してみたい。すなわち芸術とは、鑑賞者へと向けて自己の世界観を意識的かつ自由に表現しようとする創造活動であるとともに、その創造活動を通して所産された鑑賞的価値をもつものの総称である。

3．スポーツと芸術の関係

(1)　スポーツと芸術の関係を考える1つ目の論点

　スポーツと芸術の関係性を考えるうえで解決しなければならない問いのひとつは、「スポーツは芸術か否か？」というテーマであった。この問いに対し本節では辞書的定義からの考察を試みてきたが、その結論として、スポーツは芸術ではないという答えを導き出すことができるだろう。その理由は以下の3点である。

①スポーツは鑑賞者へと向けた創造活動ではない。
②スポーツは自由な表現を指向した創造活動ではない。
③スポーツは鑑賞者へ向けた自由な創造活動による所産ではない。

まずは、①鑑賞者へと向けた創造活動ではない点について考えてみたい。芸術における基本過程である「創作―芸術作品―味解（鑑賞）」のうち、芸術では創作が味解（鑑賞）を目的に行われるのに対して、スポーツはいわば創作それ自身で完結してしまう事象といえる。この点について、以下に示す近藤の指摘は的を射たものである。

　芸術は、観られるという客観性において、作品として始めて成立するのに対し、スポーツは、競技者自身、競技するという即目的な構造において成立するのがたてまえといえよう[18]。

つまり、芸術が鑑賞者の存在を前提とする創造活動であるのに対し、スポーツは選手がプレーすることそれ自体で完結する活動なのである。スポーツにおいてプレーに対する鑑賞者（観客）の存在の有無は、その成立には無関係なのである。

(2) スポーツと芸術の関係を考える2つ目の論点

次に、②自由な表現を指向した創造活動ではない点について考えてみる。一見すると、スポーツ選手は自分自身の考えをもちながら、プレーを通してその考えを自由に表現しているようにもみることができる。しかし、芸術が特定のルールや規律に縛られることのない自由な活動であるのに対して、スポーツにはルールが存在する以上、選手が完全に自由な表現をするということは原理的にはありえないのである。フィギュアスケートや新体操競技の選手は、確かに演技のなかで自分の世界観や考えを表現してはいるが、それもあくまでも各競技のルールを前提とした表現なのである。

第9章でも述べられているように、スポーツはルールによって成り立っている。つまりルールによって、フィギュアスケートや新体操競技の選手が表現するさまざまな振り付けや動きにも意味が与えられているのであり、ルールによって意味が与えられているからこそ、選手はルールに則る形でさまざまな振り付けや動きを表現しようとするのである。このように考えたときに、スポーツというのはルールの存在を前提とした活動であり、まったくの自由な表現を指向した活動ではないことがわかるのである。

(3) スポーツと芸術の関係を考える3つ目の論点

　最後に、③鑑賞者へ向けた自由な創造活動による所産ではない点についてであるが、これは①と②の条件を満たしたうえに成り立つ条件であるので、スポーツがこの条件を満たすものではないことはすでに明らかである。確かにスポーツは、ある面では選手による創造活動を通して所産された鑑賞的価値をもつものと考えることができるかもしれない。

　特に第1節で議論したように、スポーツ選手のプレーを見て私たちが美しさを感じることがあるというのは、ある意味ではそのプレーに鑑賞的価値が見いだされているということでもある。しかしそれは、作品（プレー）を媒介とした創造者（選手）と鑑賞者（観客）との相互作用（美的コミュニケーション）によって成立したものではない。先にも述べたように、選手が創造したプレーは観客がいなくとも成立するものであるため、観客はプレーを鑑賞者の側から一方向的に見た結果として美しさを感じ取ったということでしかないのである。

4．スポーツ・美・芸術の考え方

　本章では「スポーツにおける美しさを考える」というテーマを掲げ、スポーツと美しさの関係、そしてスポーツと芸術の関係をそれぞれ考えてみた。ただし、スポーツと美しさをテーマにした議論は、本章で示した見解以外にもさまざまな考え方を導き出してくれる興味深い課題である。最後に、このテーマにまつわる議論の方向性として、3つの論点を紹介したい。

　1つ目は、「美とは何か？」「芸術とは何か？」「スポーツとは何か？」というこれらの問いに対する一義的な解答はいまだに示されていないという点である。美と芸術に対する問いは、ソクラテス（Socrates）、プラトン（Plato）、アリストテレス（Aristotle）らに代表される古代ギリシャの思想家にはじまり、著名な哲学者であるカント（I.Kant）らも議論の遡上に挙げながら、現在へと受け継がれてきている哲学的な関心事である[19]。また、スポーツの定義も、本書の第1章で示されているように、時代とともにその答えは変化してきており、いまだにその変化の途上にある。こうした状況を鑑みるならば、スポーツ・美・芸術のそれぞれの関係性を問うという課題は、今後も継続的に議論が進められる興味深いテーマであると考えることができるのである。

　2つ目は、「スポーツは芸術ではない」という本章での答えもまた一義的ではないという点である。第3項で議論したように、本章ではスポーツがルールによって成立しているという、いわば近代的解釈としてのスポーツの観点

に立つことで芸術との区別を鮮明にしたが、スポーツの解釈が異なれば、もちろん芸術との関係性の考え方にも変化が生じる可能性があると考えられる。

　3つ目は、スポーツを見たときに感じる美しさ以外にも、スポーツの美しさを考えるうえでの論点が存在するという点である。たとえば先に紹介した美学者の中井は、スポーツと美についての議論のなかで、クロールの練習を通して上手なフォームで泳げるようになる瞬間を次のように表現している。

　　その調子で泳いでいきながら、だんだん楽な快い、すらっとしたこころもちが湧いてきた時、フォームがわかったのである。初めて、グッタリと水に身をまかせたようなこころもち、何ともいえない楽な、楽しいこころもちになった時、それが、美しいこころもち、美感にほかならない[20]。

　これはいうなれば、選手のプレーを見る側が感じとる美しさではなく、選手自身が感じとる美しさということができるかもしれない。また、樋口も、美学的な問題を通してスポーツを考える際に「スポーツ観戦者の美的体験」と「スポーツ実践者の美的体験」という、見る側と行う側の観点からの考察を進めている[21]。このように、スポーツを見たときに感じとる美しさ以外の美しさの存在を解明していくことも今後のテーマのひとつになりうるだろう。

　私たちがスポーツを見て感じとれる美しさとは、スポーツ選手が技術を洗練し、身体を鍛え上げ、日頃の振る舞いに気を配っているからこそ生まれる美しさといえる。スポーツを見るなかで美しさという観点に目を向けることは、スポーツの新たな見方、楽しみ方にもつながると考えられる。そして、そのようなスポーツの見方、楽しみ方をより一層深めていくためにも、スポーツと美しさとの関係性をこれからも考えていく必要があるのである。

【引用文献】
1）勝部篤美（1972）『スポーツの美学』杏林書院　p.19
2）新村出編（2008）『広辞苑（第六版）』岩波書店　p.2330
3）廣松渉ほか編（1998）『岩波哲学・思想事典』岩波書店　pp.1307-1310
4）近藤英男（1976）『スポーツ美学とは何か　スポーツ美学の現代的意義』体育原理研究会編『スポーツ美学論（体育の原理第10号）』不昧堂出版　p.10
5）佐々木健一（1995）『美学辞典』東京大学出版会　p.21
6）中井正一（1975）『美学入門』朝日新聞社　p.13
7）前掲書4）　pp.10-13
8）下中弘編（1971）『哲学事典』平凡社　p.301
9）前掲書4）　pp.10-11

10) 浦谷郁子（2014）「新体操と芸術の関係における一考察―目的的スポーツと美的スポーツの区別の過ちについて―」『日本体育大学スポーツ科学研究』Vol.3　pp.4-5
11) 同上書　p.1
12) 前掲書2) 　p.861
13) 前掲書8) 　p.403
14) 前掲書5) 　p.31
15) 前掲書4) 　p.17
16) 佐々木健一（1984）「芸術」今道友信編『講座　美学　第2巻』東京大学出版会　p.123
17) 同上
18) 前掲書4) 　p.17
19) 前掲書3) 　pp.1307-1310
20) 前掲書6) 　p.13
21) 樋口聡（1987）『スポーツの美学：スポーツの美の哲学的探究』不昧堂出版

Column　スポーツを見るということ

> それがわかった時は、水の中に溶け込んだような、忘れようもない美しいこころもちなのである。よく「水ごころ」とか「ゲフュール」などと、ボートマンがその恍惚とした我を忘れるこころもちを呼んで楽しむのである。それはまた他の人が見ても、近代的な、美しいフォームなのである。
>
> 中井正一（1900～1952）：美学者

　中井正一については第10章のなかでも紹介していますが、この一節は中井が「技術美」を説明するときに用いた表現です。ここではボート競技の選手が、正しいフォームでオールを漕ぐことができるようになった、まさにその瞬間の様子が描写されています。彼は、スポーツ選手が正しいフォームを探り当てたとき、それが選手自身にとっては楽しい瞬間であり、観客にとっては美しさを感じることができる瞬間であると考えていたようです。

　さて、日頃からスポーツ選手のプレーの数々をみなさんはどのような観点で見ているでしょうか？　チャンピオンを目指して勝ち負けを競い合う様子に一喜一憂しているでしょうか？　一人ひとりの選手が背負うヒューマンヒストリーに感動しているでしょうか？　競技の専門家として選手のプレーを分析しているでしょうか？　選手に感情移入してまるで家族のように応援しているでしょうか？……などなど。選手のプレーを見るという行為には人それぞれに多様な形があります。第10章で紹介したような選手のプレーのなかに"美しさ"を見いだすという見方は、そのようなスポーツの見方のひとつといえるでしょう。

　野球選手が守備でみせる二遊間の球捌き、サッカーチームがみせる幾何学模様を描くかの如くのパス回し、横綱がみせる立合いの所作、体操選手の鉄棒演技の着地の瞬間、陸上競技リレー種目のアンダーハンドパスの淀みないつながり、テニス選手のラリーの攻防後のドロップショットによる空間の静寂、柔道選手が一本勝ちを収める瞬間の技の繰り出しなど、枚挙に暇がないほどに私たちは日頃から沢山の美しいプレーを目にし、その"美しさ"に魅了されているのです。

　スポーツを見ていると、とかく勝ち負けという結果にのみ関心を向けがちですが、"勝ち"と"負け"に至るまでのプレーのなかにも沢山のスポーツの面白さが潜んでいるのかもしれません。スポーツ選手のプレーに"美しさ"を感じられること、そのようなスポーツの見方ができれば、今までよりも少しだけスポーツとの接し方が豊かなものになるのではないでしょうか。

第11章 コミュニティとスポーツをめぐる諸問題

> **key point**
>
> 本章では、コミュニティとスポーツを取り巻く現状と課題を浮き彫りにするにあたり、以下のポイントを中心に議論を進めていきます。
> ①「Sport for All」や「生涯スポーツ」の理念、スポーツを通した地域づくりや地域活性化などについての行政の取り組みを理解しよう。
> ②スポーツ環境の現状について、子どもと大人それぞれの視点から問題点を考えてみよう。
> ③スポーツのもつ可能性を現実のものにしていくためには、どのような考え方や取り組みが必要になるのかについて考えてみよう。

1 — コミュニティとスポーツ

1．コミュニティとは何か

(1) コミュニティの定義

コミュニティ（community）とは、日本語でいう「共同体」にあたる用語で「血縁的・地縁的あるいは感情的なつながりや所有を基盤とする人間の共同生活の様式」であり「共同ゆえの相互扶助と相互規制とがある」とされる[1]。実際、コミュニティの定義は無数に存在し、社会学者ヒラリー（G. A. Hillery）によれば、その定義例は94件にものぼるとされる[2]。また、社会類型論の基本概念を提唱したアメリカの社会学者マッキーヴァー（R. M. MacIver）は、コミュニティを「本来的に自らの内部から発し、活発かつ自発的で自由に相互に関係し合い、社会的統一体の複雑な網を自己のために織りなすところの人間存在の共同生活のことである」と定義している[3]。彼らの議論をふまえるならば、コミュニティという考え方には、地域性、共同性などの要素があることがうかがえる。

しかし現代では、ひとつの地域で、同じ顔ぶれの近隣住民との生活だけでその一生を終えるといった一昔前の人間の生き方やコミュニティのあり方はみられないであろう。都市であっても地方であっても人間の生き方やコミュニティは変化しているのである。さらに今日では、社会のさまざまなシステ

ムの慢性的不況、非正規雇用の急増による生活基盤の脆弱化、生活の個人化による人々の関係性の希薄化が進行しているとされる[4]。それは結果として、経済的基盤に左右される生活の質の格差、人間関係を発端とする精神的病理、国内の政策に対する無関心な人々といった、さまざまな社会問題を生むこととなったといえる。こうした今日の問題をふまえて、昔のコミュニティを再考することももちろん必要である。しかし、かつてのようなコミュニティが崩壊したからといって、それをもう一度再生させようという考え方は非現実的である。今一度、現状を批判的にとらえ、人々の生活基盤の一部であるコミュニティのあり方について考え直す必要があるだろう。

(2) コミュニティへの現在的視点

　コミュニティづくりにおいて重要とされるコミュニケーションには、さまざまな形態がある。今日みられる多様なコミュニケーションによってつくられるコミュニティのかたちもまた多様である。

　LINE、Twitter、Facebook、ニコニコ動画、YouTubeなどにみられるSNS（Social Networking Service）上で形成されるコミュニティは、まさに現代的なコミュニケーションの方法に基づく結果であるといえる。それでもなお、人々が生きていくうえでの基本的な従来のコミュニティのあり方やコミュニケーションの方法が完全に消失したわけではない。スマートフォン、パソコン、インターネット環境がますます進歩する社会にあっても、学校で体育授業に参加したり、家族と暮らしたり、誰かと遊んだり、話し合ったり、地域住民とかかわったり、スポーツを実践したりと、さまざまな場面における他者との直接的なかかわり合いは今のところなくなっていない。

　つまり、手紙、電話、SNS上での高度なコミュニケーションの成立に先立って、人間はこの現実世界で身体活動し、コミュニケーションし、他者とともにコミュニティをつくり生きているのである。そのような基本的な人間の生き方が土台となって、高度なコミュニケーションは成立している。こうしたコミュニティへの視点は、現在の教育課題とかかわっている。たとえば、現行の学習指導要領に明記される「主体的・対話的で深い学び」[5]とは、出来事に主体的にかかわるなかで、他者とともに社会を構成する一員としての人間の育成に向けた課題である。すなわち、今日、個人のみでは解決できない社会問題が増加し、個人の価値観も多様化するなかで、私たちは他者と共に、どのように生きていくべきかが問われているのである[6]。

第11章 コミュニティとスポーツをめぐる諸問題

2．現代社会におけるスポーツの考え方

(1)　「Sport for All（みんなのスポーツ）」

　1975（昭和50）年、ベルギーで開催された欧州評議会[*1]において「ヨーロッパみんなのスポーツ憲章」が採択された。「すべての人はスポーツをする権利をもつ」と明示するこの憲章に反映されているのが「Sport for All」という考え方である。当時のヨーロッパ各国は高度ビジネス化、高ストレス社会化が進行しており、そうした社会状況のなかで、スポーツは人々にとっての健康面や文化面の豊かさを後押しするだけに留まらず、経済活動や政治においても有益とされた。

　「Sport for All」という考え方の中心にあるのは、スポーツをすることは一部の人々の特権ではなく、性別・国籍・年齢を超えたすべての人間の基本的な権利とするものである。結果として、「Sport for All」の考え方に後押しされるかたちで、スポーツは生活文化のひとつとしての地位を固め、大衆化されることとなった。

　今日のスポーツの大衆化にあたって、「Sport for All」の考え方にみられる政策対象、すなわちスポーツ活動の主体である人々のとらえ方はひとつの重要な課題とされている[7]。たとえば、スポーツ参与の可能性が広げられたことによる常連参加者と非参加者の格差が生じやすいとする指摘や、「All」という抽象的な表現ではなくスポーツ実施の主体者である人々を想定した「everyone」にすべきという議論もある。アメリカではこうした議論が活発で、そこでは体育をすべての青少年のための時間としてとらえ直し、競技スポーツの実施以上に健康のためのレクリエーション的な運動・スポーツの実施に力点が置かれた体育授業についての議論が交わされている。そして、この考え方は、後にみていく日本におけるさまざまなスポーツ振興政策を後押しする理念となっている。

(2)　生涯スポーツ

　1955（昭和30）年から1973（同48）年までの日本における高度経済成長は経済的物質的な豊かさをもたらしたが、一方で食生活をはじめ、人々の生活スタイルも変化させた。その影響により高齢化社会における健康不安や生活習慣病といった課題が表面化し、それを背景にスポーツの実施がもたらす健康や精神的な充実感が注目されることとなった。そして、1981（同56）年、中央教育審議会は生涯を通した教育の必要性とライフステージ[*2]に応じた教育のあり方を示した「生涯教育について」を答申した[8]。そのなかでは、人々

[*1] 欧州評議会
欧州評議会（Council of Europe）とは、1949年フランスのストラスブールに設立された汎欧州の国際機関で47の国が加盟している。人権、民主主義、法の支配の分野で国際社会の基準策定を主導する。

[*2] ライフステージ
人間の一生におけるそれぞれの段階のことで、乳幼児期、児童期、青年期、壮年期、老年期などに分けられる。

は学校をはじめ、家庭、職場、地域社会におけるさまざまな教育機能によって知識や技術を習得し、情操を育み、心身の健康の保持・増進といった自己形成と生活向上のために必要なことを学ぶことが望ましいとされた[9]。

　こうした考え方を受けて、1984（昭和59）年に文部省（現・文部科学省）に「生涯スポーツ課」が設けられることとなる。そして前述の「Sport for All」にみられるスポーツに対する考え方は、生涯を通じて健康の保持・増進やレクリエーションとしての機能をもつとして、誰もが、いつでも、どこでもスポーツを実施できるものとする「生涯スポーツ（life-long sport）」という考え方へ発展することとなる。

　つまり、生涯スポーツとは、「いつでも、どこでも、だれでも、いつまでも」といったように、人々が生まれてから生涯にわたってスポーツにかかわるなかで、健康で幸せな人生を送るためのライフスタイルを確立できるように、自治体、学校、職場といった社会側が支援を行うことを推進する理念とみなすことができるのである。

3．コミュニティづくりにおけるスポーツの位置づけ

(1) スポーツを通じたコミュニティづくり構想

　日本においてコミュニティという考え方がとりわけ注目されるようになったのは、高度経済成長期以降である。当時の目覚ましい経済成長は国民の労働時間の短縮、余暇時間の拡大、所得の増加をもたらした。また、それらは並行して、若年労働者の都市部への流入と一部での人口の過密化、地方の過疎化をももたらすこととなった。こうした社会状況を背景として1960（昭和35）年に国民生活審議会調査部コミュニティ問題小委員会が発足、「コミュニティ～生活の場における人間性の回復」が公表され全国的にコミュニティ構想が展開されることとなった[10]。

　経済成長による国民の余暇時間の拡大や所得の変化は、一方でスポーツの大衆化を促す要因にもなった。1973（昭和48）年、経済審議会答申「経済社会基本計画」において、高度経済成長によって生じた地域社会の崩壊や人間関係の希薄化に対して、スポーツを通じたコミュニティづくりが構想され「コミュニティ・スポーツ」という用語が公的に使用されることとなる。そこには、人々が主体となってスポーツを振興し、コミュニティづくりに寄与していくことを目指さんとする目的があったものの、実際のところスポーツ推進は行政が中心となって展開していたため、人々のスポーツに関する意識は弱かったといえる。すなわち、行政主導型のコミュニティ・スポーツの振興に

おいてスポーツ行政サービスの提供を強化することは、行政と人々の間にスポーツを「与える―与えられる」という関係を形成することであると同時に、人々のあり様を自らスポーツを振興していく「スポーツの当事者」ではなく、誰かが与えるスポーツの機会を利用するという「スポーツの消費者」へと変容させたとされる[11]。

(2) スポーツ政策における「人」への視点

　当然のことであるが、スポーツに直接かかわるのは人である。文部科学省が策定した今後のわが国のスポーツ政策の方向性を示す「スポーツ立国戦略」の基本的な考え方においては、スポーツを通じた豊かな生活の実現のためには、興味・関心・適正に応じて、安全かつ公正な環境のもと、日常的にスポーツに親しみ、楽しみ、支えるといった機会が確保されなければならないとされている[12]。そこでは、スポーツを「する人」だけではなく、スポーツを「観る人」、指導者やボランティアや企業といった「支える（育てる）人」に着目し、人々が人生を通じてスポーツに親しむことができる環境をハード（施設など）とソフト（プログラム、理念、システムなど）の両輪で整備することが目標として掲げられている。

　こうしたスポーツ政策にみられるのは、いわばスポーツがもつ可能性への期待でもある。たとえば、未曾有の出来事として記憶に新しい2011（平成23）年の東日本大震災は、人々の生活に甚大な被害をもたらし、今もなお復旧・復興が進められている。しかし震災は、皮肉にも人々が共に生きていくことの重要性をあらためて世間に知らしめる出来事にもなった。被災後の人々の生活は、かつての活気を徐々に取り戻しつつある一方で、いまだに仮設住宅での暮らしを余儀なくされる人々や精神的なダメージを負った人々も多くおり、人々の健康的な生活を以前のように戻すのには時間を要している。

　そうしたなか、被災地ではスポーツ事業として合同練習や交流試合、スポーツ教室やスポーツ観戦などが展開されている。身体を動かしたり、スポーツを通じて、子どもたちの心身のケアや地域の活性化を促す被災地支援活動が実施されているのである。それはスポーツを通じた人々の豊かな生活スタイルの回復であるとともに、翻って社会の再生、コミュニティの再生へとつながっているのである。

2 ── コミュニティとスポーツの現状と課題

1．子どものスポーツ環境をめぐって

(1) 管理下にある子どもたち

　地域や特定の目的のもとにつくられるコミュニティは、子どもがスポーツを始めるきっかけの場であり、子どものスポーツ活動の受け皿になっている。つまり、地域やコミュニティは、スポーツ環境でもあるのだ。たとえば、学校運動部活動、スポーツ少年団[*3]やママさんバレーなどをはじめとする地域での自主的なスポーツクラブ、民間のスイミングスクールやフィットネスクラブといったものが挙げられる。

　「子どものスポーツ環境」が抱える問題に着目したときに挙げられるのは、大人の管理下にある子どもという現状であろう。日本における子どものスポーツ実践においては、「スポーツで鍛える・育てる」といった教育的要素を含む大人の期待が強調され、「スポーツで遊ぶ」といった考えが隠れてしまっている。そもそも日本では、「子どものスポーツ環境」のあり方を考えるという認識がほとんど浸透していないといってよいかもしれない。

　このことは、「子どもが遊び運動する環境」についての問題にもかかわっており、公園や広場の減少、あるいは行き過ぎた子どもへの安全配慮が、子どもの遊びや運動をする機会に影響を与えている。特に都市部においては、そうした問題は地方と比べて顕著にみられ、運動やスポーツを十分にするには、スポーツクラブへ加入するといった手段がとられることとなる。しかしそれは、家庭の経済状況によっては、運動やスポーツをする機会が極端に少ない子どもがいるということであり、運動やスポーツの機会の格差を生じさせることにつながる。

(2) 子どもの純粋なスポーツ経験

　子どものスポーツ環境を考えるとき、必然的に子どもと親（大人）の関係性にも目を向けることになる。日本では高度経済成長を迎えたことによって、大人は企業戦士となり、家庭内で子どもとともに過ごす時間に変化が生じたとされる。子どもが親とともに過ごすなかで遊び、また教育されるような場面が減るかわりに、地域やスポーツ少年団などがその役割を担うという構図が生じることとなった。親が教えられない代わりにスポーツ少年団のようなスポーツ集団が、スポーツ環境としての役割を担い、子どもたちはそこでス

---

*3　スポーツ少年団
日本体育協会によって運営される日本で最大級の青少年スポーツ団体である。1964（昭和39）年の第18回東京オリンピック競技大会に先立ち、「オリンピック青少年運動」の一環として、1962（同37）年に「スポーツによる青少年の健全育成」を目的に創設された。

ポーツをすることになったのである。

　しかしそれは、子どもが身体を動かすことにおいて、かならずコーチの指示や大会で成績を残すといった何かしらの目的をもった組織のなかに置かれるととらえることもできる。もちろん、スポーツ少年団などの活動のなかで子どもがスポーツを純粋に楽しむ場面もあるだろうが、その場面がすでに、何かしらの目的のもとに設定された場面なのである。それは果たして本当の意味で純粋に身体を動かして遊ぶことなのだろうか、スポーツをすることなのだろうか。

　本来、遊びに型は存在せず、自由なものである。しかし、その自由のなかでも次第に洗練されていく身体の動きがあり、また、友だちとの間でルールも作り上げられていくものである。つまりそれは、彼らが遊びのなかで主体的な存在でありつつも、友だちとかかわり合いながらさまざまなことを学ぶ場面でもあるということである。最初から型の決まった身体の動きや設定された場面は子どもたちにとってどのような意味があるのか、今一度考えてみる必要があるだろう。

2．大人のスポーツ環境をめぐって

(1) 大人の生活スタイルとスポーツ活動の機会

　大人に限ったことではないが、現代社会における人々の生活スタイルはSNSの発展、職住分離などにともない急激に変化している。また、これまでにも触れてきたように、高度経済成長を皮切りに大人の仕事や生活のスタイルは変化し、今日に至るまでに大人のスポーツ環境も変化してきているといえよう。純粋にスポーツをするというよりも、健康維持のためにという理由からスポーツへかかわり始める人も少なくない。

　また、身体活動の場という大きなくくりでいえば、フィットネスクラブもスポーツ環境であり、その利用はスポーツ活動の機会のひとつとしてとらえられよう。フィットネスクラブのようなスポーツ環境は地域住民にとっての社交の場でもあり、ある種のコミュニティとしての機能も担っている。しかし、あらためて運動やスポーツを始めようとすれば、都市部においては何かしらのスクールに通わなければ場所や仲間を確保しづらいという現状もあるのではないだろうか。また、諸外国にみられる余暇という考え方がない日本においては、まず文化的な側面において、スポーツへ親しむことと相性があまりよくないともいえる。企業によっては、自社のスポーツ環境を整えているところもあるが、それは職場環境によってもスポーツをする機会が左右さ

れるということでもある。

(2) 社会レベルでのスポーツ環境の変革

　子どものうちは、学校に部活動というスポーツ実施の機会が用意されている。しかし、大人になれば、主体的にスポーツをする時間を作り、経済状況に余裕をもたせなければスポーツの機会は得られない。大人のスポーツ環境が抱える問題は、子どものスポーツ環境についての問題以上に多様なのかもしれない。

　現在、地域の学校、家庭、企業、行政が一体となって、すべての住民が参加できる地域のスポーツ施設や活動の機会を作る試みが全国各地で広まっている。なぜなら、これまでみてきたことからもわかるように、個人レベルの取り組みだけでスポーツ環境をよりよくしていくことには限界があるからである。地域のスポーツ環境をよくし、社会全体でスポーツを支える基盤を整備していくためには、そのための予算の確保や人々が政策にかかわれる仕組みの構築といった社会レベル・行政レベルでの取り組みが必要になる。しかし一方で、スポーツは文化であり、誰もが「する」「観る」「支える（育てる）」といったかたちでスポーツにかかわる機会がある。そのためには、個人のレベルでの取り組みもまた不可欠なのである。個人のレベルから出発して、仲間や地域の人とともに「できること」の範囲を拡大していくことが重要であるといえよう。

3．スポーツ環境の整備方策などが抱える問題点

(1) スポーツ環境をめぐるハードとソフト

　スポーツ施設などのハード面での整備は進んではいるが、その施設を十分に生かすための仕組みなどのソフト面の整備が遅れているという問題がある。これまでのソフト面での事例のひとつとして、1987（昭和62）年より展開された「社会体育指導者の知識・技能審査事業」がある[13]。これは、日本におけるスポーツ指導者を国が責任をもって養成しようとするものであり、スポーツ指導者の社会的地位を確立しようとするものであった。もうひとつは、1988（同63）年より展開された「地域スポーツクラブ連合事業」である[14]。これは地域スポーツクラブの活動を充実させ主体的なものにするために、各クラブの連携によって組織の育成とその活性化、連携組織による体育施設の有効利用化を図ることを目的とした事業である。この事業は1995（平成7）年から「総合型地域スポーツクラブ*4育成モデル事業」へと転換すること

*4　総合型地域スポーツクラブ
地域住民の年齢、興味関心、技能レベルなどに応じたさまざまなスポーツ機会を提供する「多種目」「多世代」「多志向」のスポーツクラブである。地域住民に共通する生活課題の解決を視野に入れて、スポーツを活用した多様な活動を地域住民が自主的・主体的に展開し、地域スポーツの担い手としての役割や地域コミュニティの核としての役割を果たしている。1995（平成7）年度から育成が開始され、2016（同28）年7月には、創設準備中を含め3,586クラブが育成されている。

なる。

　また、スポーツ環境はその施設の維持や人材育成のために莫大な予算がかかることから、予算確保のために、さまざまな取り組みがなされている。たとえば、1998（平成10）年に成立したスポーツ振興投票の実施に関する法律に依拠して開始されたサッカーくじ（toto）＊5による助成金などがその予算として活用されている。

(2) スポーツ環境の整備方策の現在

　近年では、スポーツ環境の整備やその活用法として新しい取り組みもみられる。たとえば、東京ドームや武道館は、普段はスポーツの大会が行われる会場として利用されるが、一方で音楽ライブやそのほかのフェスティバルの会場としても頻繁に活用されている。また、広い自然公園を利用して数日間にわたって実施される野外フェスティバルでは、音楽と野外・レジャースポーツとの一体化の試みをみることができる＊6。

　生涯スポーツという考え方の普及にはさまざまな課題があるが、なかでも急務とされるのは社会一般におけるスポーツに対する考え方と方策の再構成である。スポーツには、オリンピックに代表されるような競技スポーツの側面や、個人レベルで展開される楽しさや交流としてのレクリエーションスポーツの側面などがある。しかし、広く認知されがちなのはマスメディアを通した競技スポーツとしてのスポーツ観といえよう。

　生涯スポーツという考え方は、現代の人々の多様な価値観や生き方に沿った新しい理念であり、国や自治体レベルでのスポーツ予算やシステムは、いまだ競技スポーツ観に基づいたものが多い。スポーツを通した豊かなライフスタイルの確立のためには、国レベルでの変革が必要になることはもちろんのこと、スポーツの競技的側面にとらわれることなく、「そもそもスポーツとは何か」をあらためて問い直す人々の存在も必要になるのである。

＊5　サッカーくじ（toto）
正式名称はスポーツ振興投票（制度）で、指定されたサッカーの各試合の結果などを予想する文部科学省管轄で公営されているギャンブルである。しかし、事業展開における理念では単なるギャンブルではないとされており、その収益は誰もが身近にスポーツに親しむことができる健康で明るい生涯スポーツ社会を築くとともに、世界で活躍できる選手を育てることを目的にスポーツ団体や地方公共団体に対して助成される。

＊6
たとえば、新潟県湯沢町にある苗場スキー場を利用した『FUJI ROCK FESTIVAL』が挙げられる。

3 ── コミュニティづくりにおけるスポーツの可能性

1．なぜコミュニティが必要なのか

　これまでのコミュニティやスポーツへの視点を鑑みるに、かつてのようなコミュニティへの回帰ではなく、日々の生活の充実や地域における問題解決に向けて共通の目的をもった人々によるコミュニティづくりを目指されなけ

ればならず、同時にその基盤となる公共の場をどのように構想していくかが課題とされる[15]。それは、どのようなコミュニティを理想的なかたちとして作り上げていくかという課題でもある。

現代社会では、さまざまな問題に他者と「共に」に対峙していけるような個人の育成が求められている。したがって、個人がさまざまな価値観をもちつつも何かしらの共通項によって作られる多様性と寛容性に富んだコミュニティが求められているのである。

たとえば、アメリカの教育哲学者デューイ（J. Dewey）は、コミュニティを形成するために人々が共通してもっておかなくてはならないものとして、目的・信念・願望・知識（共通理解）・同じような心持ちを挙げている[16]。つまり、単に物理的に近くで生活しているだけでなく、人々が共通の目的をもち、自らの行為を考慮しながら活動するとき、そこにコミュニティは形成されるというのである。

この考え方とスポーツをつないでみるならば、人々の間に生じる共通項の役割をスポーツが担える可能性があるととらえることもできる。スポーツを通じたコミュニティづくりについての考え方はこれまでもみてきたが、今日のアメリカでは、スポーツの実施を通じた健康の向上と関連して、コミュニティの健康を問いかける「ヘルシーピープル運動」（日本における「健康日本21」[*7]のモデルとされた国民健康づくり運動）なども展開されている。

コミュニティづくりのために、行政はスポーツ事業を展開しサービスの向上に努めているが、皮肉なことに、それによって人々はよりよいサービスを求めるようになってしまい、それに行政が応えようとすることによって、人々の主体的な諸活動が展開されづらくなる状況が生み出されつつある。それは、スポーツにかかわる人々の理想的な姿なのであろうか。主体的な姿勢がないまま提供される機会に身を任せていては、スポーツ環境におけるハード面は充実したとしても、それを活用するうえでの考え方やそれによって実行される取り組みといったソフト面の充実は図られず、活発な人々の姿をみることはできないだろう。

スポーツに対する期待や可能性を十分に実現させるためには、ハードとソフトの両面からのスポーツ環境の整備が不可欠なのである。そのためにも、人々がコミュニティとして活動できる場をどのようにデザインしていくかが重要になってくるのである。

*7　健康日本21
健康日本21とは、すべての国民がお互いに支え合いながら、ライフステージに応じて健やかに生活できる活力ある社会を実現するための「21世紀における国民健康づくり運動」のことで、2000（平成12）年から厚生省（現・厚生労働省）が行っている国民の健康増進の総合的な推進を図るための一連の施策である。現在は「二十一世紀における第二次国民健康づくり運動」(2013（同25）年度から2022（同34）年度）が推進されている。

2．生涯学習とスポーツ

　スポーツに対する考え方のひとつに生涯スポーツがあったが、これは2006（平成18）年に改正された教育基本法に明示されている「生涯学習の理念」にもかかわってくる。生涯学習とは、生涯にわたって学習しなければならないということを謳っているのではなく、国民一人ひとりが「生涯学習できる」社会的環境を生み出すことを社会に求めるものである。また、生涯学習の理念とかかわって、「生涯教育の理念」も理解しておく必要があるだろう。これも生涯学習と同様に「生涯教育される」ということではなく、「生涯学習にとっての条件整備を整える」ことを謳っており、学習支援システムの整備を意味する。それは、国だけの問題ではなく、人々や地域や企業なども協力することで、よりよい環境を作っていくことを目指すものである。

　スポーツの実践は、他者とかかわりつつ、個人にさまざまな学びを生じさせる。その繰り返しのなかで、個人は成長していく。結果として、そこには人間の教育可能性があるといえよう。なにより、人々がスポーツを経験することが、スポーツの可能性を実感する最善の方法なのである。したがって、そのようなスポーツの可能性を十分に実現させるためには、生涯学習としてのスポーツが実施される環境を人々が自ら「する」「観る」「支える（育てる）」「学ぶ」といったかかわり方を通じて整えていくことが理想である。

3．コミュニティの活性化をもたらすスポーツ

　スポーツを通じたコミュニティづくりのためには、「する」スポーツだけでなく、「観る」「支える（育てる）」「学ぶ」などのスポーツとのかかわり方が重要になってくる。そして、スポーツのコミュニティが特定の世代や組織に限定されることのない公共空間へと開かれたものとして、子どもから高齢者までが交流しあえる場となる必要がある。それは、スポーツに対する人々の理解の深まりによってもたらされるものでもある。したがって、そのようなスポーツの可能性を広げていくために、スポーツ指導者（学校の先生やコーチを含む）が果すべき役割は大きい。

　スポーツ指導者は、スポーツをすることが人々にとってのコミュニケーションの場となり、また純粋に楽しむという側面があり、それが結果として教育可能性へと開かれるということを十分に理解しなければならない。しかし、繰り返すように、スポーツ指導者だけではスポーツを通じたコミュニティづくりは成しうることができない。

人間は生まれたその瞬間から、何かしらのコミュニティに所属して生きている。あまりに当然のことだが、私たちはまったく無のなかで生きているわけではない。日々のなかで身体活動やスポーツをし、経験をする。そのいずれの場面においても、自分以外の誰かが存在しているはずである。私たちは、身体や心で相手を感じ、コミュニケーションをし、時には喜び、学び、喧嘩し、協力し、励まし合ってきただろう。それは体育やスポーツ実践の場面でも十分に生じる出来事なのであり、言いかえれば、お互いが教育しあっているということでもある。そうして私たちは、より多くの人とかかわりながらコミュニティを不断に作り上げていくのである。すなわち、コミュニティは、それ自体が教育環境として機能する。デューイの言葉を借りれば、「共に生活をするという過程そのものが教育を行う」のである[17]。その生活の一部としてスポーツが組み込まれるとき、コミュニティは、より活発で健康な人々によって形成される生き生きとした生活の基盤となるであろう。

【引用文献】

1）新村出編（2008）『広辞苑（第六版）』岩波書店　p.1055
2）ヒラリー, G. A.（山口弘光訳）「コミュニティの定義」鈴木広編（1978）『都市化の社会学』誠信書房　pp.303-339
3）マッキーヴァー, R. M.（中久郎・松本通晴監訳）（1975）『コミュニティ―社会学的研究：社会生活の性質と基本法則に関する一試論―』ミネルヴァ書房　pp.56-57
4）大内裕和・酒井隆史（2004）「教育と社会―規律訓練権力の質的転換―」『現代思想』第32巻・第4号　青土社　p.69
5）文部科学省（2017）「小学校学習指導要領解説　総則編」p.3、「中学校学習指導要領解説　総則編」p.3
6）宇野重規（2013）『民主主義のつくり方』筑摩書房　p.218
7）日本体育学会監修（2006）『最新スポーツ科学事典』平凡社　p.388
8）同上書　p.830
9）中村敏雄・高橋健夫・寒川恒夫・友添秀則編（2015）『21世紀スポーツ大事典』大修館書店　p.57
10）同上書　p.56
11）松尾哲矢（2005）「スポーツとコミュニティ」友添秀則・岡出美則編『教養としての体育原理：現代の体育・スポーツを考えるために』大修館書店　p.142
12）文部科学省ホームページ「スポーツ立国戦略　基本的な考え方」
　　http://www.mext.go.jp/a_menu/sports/rikkoku/detail/1297207.htm
13）前掲書9）　p.58
14）同上
15）同上書　p.141
16）ジョン・デューイ（松野安男訳）（1975）『民主主義と教育（上）』岩波書店　p.16
17）同上書　p.18

Column 活動のコミュニティ

> 共に生活をするという過程そのものが教育を行うのである
> J.デューイ（1859〜1952）：アメリカの教育哲学者

　みなさんは、「子ども」と聞いて何を思い浮かべますか。無邪気な様子、わがままな様子、何かに一心不乱になっている様子でしょうか。彼らの表情はコロコロと変わり、私たちにさまざまな一面を見せてくれます。子どもは次第に大人へと成長します。身体も、そして内面も。しかし、「子ども」という表現は、大人と比較して未成熟な存在としての「子ども」のほかにも別の用途があります。日常のなかで大人に対して「子どものようだ」と言ったりもしますし、子どもに対して「大人びているね」と言ったりもします。「子ども」や「大人」という表現は、何も身体の成熟度のみで使い分けされているのではないことがわかります。つまり、子どもは、単純に未成熟な存在ではないということです。

　子どもを見ていると、最初はお互いが自己主張しているだけだったものが、段々とエスカレートし、ぶつかり合いの喧嘩に発展してしまうということがしばしばあります。しかし、次第にお互いの妥協点をみつけたり、ジャンケンをしたり、オリジナルのルールを作って状況を改善していこうとします。遊びのなかや、スポーツの場面では特にそういった状況が生じています。つまり、彼らが共にあるからこそ、ぶつかり合い、意思疎通の必要性が生まれてくるのです。子どもたちの間で生じているのは、コミュニケーションであり、彼らはそれによってひとつのコミュニティを作り上げているのです。子どもの世界は私たちが思っている以上に（あるいは忘れているだけかもしれませんが）とても高度に組織化されているのです。

　そして、ここから転じて言えるのは、ともに生活をするという過程が、コミュニケーションを生じさせ、それは学びを生むということ、つまり教育そのものであるということです。

　経験を重ねれば、子どもたちは体育の授業やスポーツの場面でも、さらに高度なコミュニケーションを生じさせます。たとえば、ボディアクションで連携を図ってみたり、難しいフォーメーションを試みてみたり、技を教えあったり。そこでは、教師、コーチ、監督すらも「教育環境」であると同時に、そこに存在するすべての人が、コミュニティの一員として、学び合い、教育し合っているのです。彼らの関係は、教育者ー被教育者といった単純な構造に置き換えられないひとつのコミュニティとしての存在となり、デューイの表現を借りれば、それは「活動のコミュニティ」なのです。

第12章　スポーツと人間との良好な関係を考える

> **key.point**
>
> スポーツと人間との関係を良好なものにするために、スポーツの価値や可能性に対する信仰だけではなく、批判的なものの見方が必要となります。
> ①批判的なものの見方を備える意義を、過去の事例およびスポーツと関係する個々人の「人間らしさ」や「自分らしさ」という観点から考えよう。
> ②望ましいスポーツとのかかわり方について、またそのために人々が直面する問題や責任について考えよう。
> ③上記をふまえ、スポーツと人間との良好な関係づくりのために必要な知識や態度について理解を深めよう。

1 ── スポーツがもつ功罪

1．スポーツと人間との関係

　われわれのスポーツに対する期待は大きい。スポーツがわれわれにもたらした功績も計り知れない。事実、人間はスポーツを通じて自らをより「人間らしい」ものへと文明化させてきた[1]。スポーツを取り巻く医学や科学技術（たとえば用具の発展など）の発達は目覚ましいものがあるし、トレーニングやコーチングの発展を通じてなされる各スポーツ種目の記録の進歩は、その記録を達成した競技者に帰するものであると同時に、人類の進歩でもある。人間はスポーツを発展させるとともに、自らを高次の存在へと引き上げてきたのである。一見すると、人間に対するスポーツの功績や価値は疑いのないもののようにみえる。

　しかし、それはスポーツの正の側面のみに目を向けているにすぎない。スポーツは負の側面も有している。スポーツを行うことによって、人間が、かえって不健康になったり、不幸に見舞われたり、人間性を喪失する可能性すらも存在する。ここで感情的にスポーツの素晴らしさを羅列して、このような可能性に対して反論を企てることは、実際に起きているスポーツの諸問題に対して自ら目を覆うことになりかねない。一面的に「スポーツはよい」と固定的な観念を抱くような考えは、実際にスポーツにおいて問題に直面し、

苦しんでいる人々に対して無分別にならざるをえないからである。

　今やスポーツには、「する」「観る」「支える（育てる）」という参加の方法がある。そのいずれにおいても、スポーツの功罪の両側面を可能性として念頭におくようなニュートラル（中立的）な態度が求められる。薬を処方する医師が薬の効果とそれにともなう副作用の両側面を理解していなければならないのと同様に、スポーツとかかわる人々にとって、このような態度をもつことは重要なことである。

　スポーツに対するニュートラルな態度を涵養（かんよう）するために必要なことは、目の前に生じている事象に対して批判的になることである。批判的なものの見方をとることは、必ずしもあることに対して真っ向から対立するような否定的な姿勢を貫くことであるとは限らない。批判的なものの見方は、事象に対して冷静に目を向け、その客観的な把握を試みることである。この見方は、自分自身のスポーツのかかわり方や他者の状況、さらにはメディアを介して伝えられるスポーツの事象を正確に把握するために適応されるべきである。

　スポーツを批判的に見ることの意義は、スポーツやそれにかかわる人々の現状をよりよくすることにある。人間にとってスポーツが価値あるものとして行われているか否か、スポーツが人間にとって意味のあるものとなるためにはどうしたらよいのか。このような問題意識のもとで、われわれはスポーツのあり方について思索し、問題に対して異議申し立てをしていかなければならないのである。

2．スポーツにおける諸問題

　スポーツが行われてきた歴史は、スポーツが必ずしも個人にとっての幸せに寄与しないどころか、個人を不幸にさせうる可能性を有していることを示している。スポーツが人間を不幸にするのであれば、スポーツのあり方やスポーツとのかかわり方を考え直さなければならない。そのような問題意識を喚起させる事例のいくつかをここでは取り扱いたい。

(1) 競技者の不幸：円谷幸吉選手の自殺から

　1964（昭和39）年の第18回東京オリンピック競技大会のマラソン種目で銅メダルを獲得した円谷幸吉選手は、続く第19回メキシコシティオリンピック競技大会を前にして、心身ともに疲れ果てていた。それは円谷選手が身体を痛めていただけではなく、勝利することを当たり前のものとして要求する周囲からの圧力を負担と感じていたからである。そのプレッシャーは円谷選手

から生きる気力を奪い、ついには円谷選手を自殺に至らしめてしまう。この円谷選手へのプレッシャーの源は、周りの人間の狂気ともいえる勝利への執着である。

体育・スポーツの分野において多くの著作を残している中村敏雄は、円谷選手の自殺を「自由競争という近代スポーツに包摂されている近代合理主義思想に根ざしたものによって惹き起こされた事例」[2]であるとしている。中村が指摘しているように、円谷選手の自殺の原因はスポーツを取り巻く社会的な構造に根ざしていると考えることもできる。その意味で、円谷選手の自殺は、際限のない勝利追求に歯止めをかける必要性を訴えるものである。

この事例は、さらに競技者と周りの人間や社会との関係について考えさせるものである。スポーツを見る人や支える人は、スポーツを行っている他者に対するまなざしの向け方に注意を払わなければならない。競技者を取り巻く人々のもつ、彼らの思うままに競技者を縛りつけようとするような無慈悲なまなざしは、競技者に多大な圧力をもたらすからである。競技者を自分のことを楽しませてくれるようなピエロのような存在とみなしてはならないのである。円谷選手の自殺は、他者や社会からの影響とかかわって競技者本人の自由な意志に基づかないスポーツ活動は競技者を破滅させることにもつながるという、強烈なメッセージを残している。

(2) 従順さへの疑問：中学校フットサル大会における無気力試合から

中学校のフットサルチームの大会において、ある学校の指揮をとる教諭が、決勝トーナメントを有利に進めるために予選リーグの試合で選手たちに無気力試合を指示した。故意に負けることを指示され、選手たちは指示されるままに6点連続でオウンゴールをした[3]。この事例は、勝利といった価値にこだわりすぎることで、スポーツを行うことの意味を見過ごしていることを示すひとつの例である。ここでまず批判されるべきなのは、無気力試合を指示した指導者の非倫理性とスポーツに対する無理解である。

ただし、この事例はまた、別の問題を含んでいると考えることもできる。無気力試合を指示され、それに従った選手たちの従順さはよいものといえるのだろうか。中学生という年齢も関係して彼らは自立的な決断ができなかった、あるいはトーナメントを有利にするためにこの作戦に選手が同意していたということも当然考えられる。しかし、この指示によって、選手が「自分の力を発揮したい」というような願望が妨げられたのであれば、これは選手が抑圧を受けていることにほかならない。このような指導者の指示に対する選手の従順さも問題視されるべきである。指導者の指示に対して反発する余

地が選手に残されていなかった場合、この事例は、選手の従順さということについて問題を抱くきっかけとなる事件としてもとらえることができる。

(3) 選手は取り替え可能な消耗品か：オーバーユースの問題から

　夏の全国高校野球選手権大会（甲子園）の時期になると、高校球児の活躍が放映されるのと同時に、投手の投球数に対する不安の声が伝えられるようになる。10代の選手が炎天下のなか、相当数のピッチングを連日にわたって行うことは、特に海外のスポーツ関係者の目には異質な事態として映るようである[4]。東京箱根間往復大学駅伝競走（箱根駅伝）においても、ただでさえ過酷なレースが極寒のなかで行われ、選手が低体温症を発症することもある[5]。ひたむきに競技に打ち込んでいる選手が苦難や悪条件を乗り越えてさらに頑張りを見せることを期待するようなきらいが、中学校・高等学校・大学のいわゆる学生スポーツにはあるように思われる。そしてそのような期待が「学生選手らしさ」を醸成しているといえる。

　多くの場合、無理を押して競技に打ち込むことには代償がともなう。特に若い選手の身体は、スポーツにともなう身体的なストレスに耐えうるほど発達していないことが多い。そこで、選手が身体を消耗し、傷害を発症して若くしてスポーツを断念せざるをえない事態となるオーバーユースの問題が立ち現れてくる。選手は、それぞれの将来を有し、スポーツを続けるために心身のケアを必要とする。

　若い選手が、身体的な疲労や故障によって競技の続行ができないと自覚していながら、それでも競技を続けてしまうのは、競技を続行しなければならないような状況におかれていることが原因と考えられる。そのような状況は指導者や周りの人間によって作られてしまっている場合がある。選手を取り巻く人間が、勝利や無理を押して頑張るところによさを求めるあまりに、選手の健康や人格を顧みず、選手をものとして扱おうとするような態度から、オーバーユースのような問題が引き起こされるのである。

3．スポーツの諸問題における「人間らしさ」の否定

　ここで取り扱ったいくつかの事例は、人間にとってのスポーツの罪過を指摘するものである。ところで、スポーツが人間にもたらす功罪は、人間の「なにものか」に対する功罪である。たとえば「スポーツを通じて心身の調子が良好である」「ボールの投げ過ぎで肩を故障した」というのは、人間の健康に対するスポーツの功罪である。また、ドーピングなどはひとつの事案に対

してさまざまな角度からその罪過が指摘されている。ドーピングは、「健康を害する」「社会悪」「フェアプレーに反する」「スポーツの価値を損ねる」という、健康医科学や社会学、倫理学などのそれぞれの根拠から問題視される。一方で、競技力向上という観点からだけみれば、ドーピングはメリットをもたらすと考えることもできるのである。個々のスポーツにまつわる問題に対する見方はひとつであるとは限らないのである。

このように、スポーツに関係する問題は複雑であると同時に、さまざまな分野や立場からその問題点を指摘することができるであろう。どの分野にも共通する大事なことは、スポーツにまつわるいかなる事象や問題においても、いかなる分野からスポーツを取り扱ったとしても、私たちが相手にしているのは「生きた人間」であり、「ひとつの人格」として認められるべき人間であるということを忘れてはならない、ということである。

仮に人間を、善悪を区別できる理性的な存在とするならば、社会に悪影響を与え、一般的には倫理的に許容できないとされるドーピングを行う（させる）人からは「人間らしさ」が失われていると指摘することができるであろう。その「人間らしさ」を犠牲にしてでも、勝利や競技力の向上を手に入れようと意図するところにドーピングのような問題が生じるのである。

このように、勝利や競技力向上のような輝かしいものの裏で、競技者が心身を退廃させ、「人間らしさ」という根源的なものを損ねている可能性がある。それだからこそスポーツが人間のためになっているか否か、という問いが常に投げかけられなければならないのである。

2 ── スポーツとの良好な関係が崩れてしまう要因

1．自己を見失うようなスポーツとの付き合い方

体育・スポーツ哲学には、そのひとつの立場として、スポーツを行う主体に位置づく「人間」についてより深く着眼しようとする態度がある。スポーツにおける人間の「人間らしさ」ということは、この領域におけるひとつの大事な関心事である。

ところで、「人間らしさ」を問う言葉はいささか抽象的な表現である。ここでは人間の本質をめぐる哲学史的な議論からさかのぼって、この「人間らしさ」の深い説明は行わない。なぜなら、「人間らしさ」を詳しく理解していなくとも、スポーツにおいて「人間らしさ」が影響を受けている場面をみ

ることができるし、そのイメージをつかむことも可能だからである。事実、前節で取り扱ったいくつかの問題は、見方によっては「人間らしさ」にかかわる問題である。このような「人間らしさ」が失われてしまうのはどのようなときであるかを、ここではみていきたい。

(1) スポーツへの参加による「人間らしさ」の損失

　円谷選手の事例においてみられたように、競技者が自らの意志に反してスポーツに参加することは強制労働と等しいことであり、苦痛をともなう。また、無気力試合における選手やオーバーユース気味の選手においても、彼らが望まないかたちでプレーを続行しなければならない場合、彼らにとってスポーツはどこか違和感や苦痛をともなうものとして経験される。スポーツが選手にとって強制的なものとなることによって生じる問題のひとつとして、選手個々人の自己の喪失がもたらされることが挙げられる。スポーツへの参加やその仕方に強制力が働いている場合、そしてそれらが選手個々人の理想とはかけ離れている場合、選手は自己を偽ることでスポーツに献身することになるからである。

　スポーツにおいて、選手が感情や利己心を表に出さないことは時として賞賛の対象になることもある。チーム内で滅私奉公する選手はよいチームメイトとして考えられる。時に自分を押し殺して、周りから求められる役割や「代表選手らしさ」「学生選手らしさ」のような「〇〇らしさ」を追求するということは、それ自体としては問題となることではない。しかし、その役割や「〇〇らしさ」が周りから押し付けられたものであり、選手が不本意にこの価値観を受容しながらスポーツを行わなければならない場合、そのような振る舞いは選手の自己にかかわる問題となる。選手が「自分らしさ」ではない、それ以外の「〇〇らしさ」を受け入れ、「自分らしさ」を自分から覆い隠すような態度でスポーツに参加することによって、選手は結局自分が誰なのかわからなくなるからである。

　自己を欺きながら受け身的にスポーツを行うことの辛さはすでに円谷選手の事例がよく表している。これは、自分が行っている行為でありながら、その行為を負担として感じるような事態ということができる。このように、選手が「自分らしさ」を発揮するのではなく、むしろそれを自分から覆い隠そうとする没個性的な振る舞いをしなければならないような状況は、選手の個性や自己実現の危機である。もしある選手が他者に指示されるがままに競技に専心して個性や感情を表に出さない場合、その選手は冷たい機械のような存在と同一視される。このようなとき、「人間らしさ」ということが問題になっ

てくるのである。

(2) スポーツにおける自分自身との関係

「人間らしさ」と「自分らしさ」ということが同列に語られるのは、人間がかけがえのない自己自身を問題にするような存在だからである。デンマークの哲学者であるキェルケゴール（S. Kierkegaard）によれば、精神としての人間は、自分を「他なるもの」として他者化し、「他なるもの」としての自己と関係を取り結ぶような存在であるとされる。自分自身と関係をもつということは、本来あるべき自己のあり方について考え、そのあるべき自己に対して現在の自分がどうであるか自問し、あるべき自己との隔たりに苦悩したりするということである[6]。これに基づけば、それぞれスポーツを通じて現実化させたい理想像を誰もが抱いているように、スポーツをする人はそれぞれ自分のあるべき姿を問題にせずにはいられないのであり、またその理想像と現在の自分との隔たりを実感したときには苦悩せずにはいられないのである。

たとえばこのことは、ある人がスポーツで上達することを願うこと、そしてそれが実現できないときにはやきもきすることに現れる。したがって人間は、自分が理想とかけ離れたかたちでスポーツを行っていると知ったとき、そのことに対して違和感を覚えずにはいられない存在なのである。

このことから人間にとってスポーツの参加の仕方は重要な問題であるといえる。スポーツへの参加の仕方のいかんによっては、自己実現に接近したり、それが遠のいたりするからである。そして自己実現を目指すことが著しく妨げられる場合、選手の「人間らしさ」にかかわる問題が立ち現れてくるのである。

2．人間によるスポーツの操作

既述したように、スポーツにおいては不幸に苛まれたり、自己を喪失してしまうことが起こりうる。前項においては「自分らしく」振る舞うことができなくなるようなスポーツへの参加の仕方を示し、スポーツにかかわる人の「人間らしさ」を危惧した。これまで取り上げた事例をみる限り、このような「人間らしさ」の危機は、勝利の追求や心身の疲労、指導者をはじめとする他者関係から由来しているようである。ところが、スポーツにおいて勝利を追求すること、心身に疲労を蓄積すること、指導者から指示を受けたり、自分と考えの異なる他者と出会うことはごく必然のことである。では、スポーツとは元来、それにかかわる人の「人間らしさ」を否定する文化なのだろうか。

(1) 「人間らしさ」を失わせるスポーツ—社会批判から—

実際に、スポーツを人間から「人間らしさ」失わせる文化として批判するような主張が存在する。たとえば、ドイツの社会学者であるアドルノ（T. W. Adorno）は、スポーツは人間を機械のような存在へと育成するのに一役買っている、と主張している[7]。人間が機械のような存在にみなされるのは、前項で示したように、人間が「自分らしさ」を発揮しないような振る舞いをするときである。アドルノにとってスポーツとは、自分の不自由を気にも留めずに指導者からの指示に賛同するイエスマンを育成する文化装置のようなものとして考えられているのである。

アドルノによるスポーツ批判は、従順で規律正しい労働者を要求するような社会状況を背景としており、その要求をスポーツが満たしているという事実を見抜いたうえで展開されたものである。これと同様に、たとえば、自由競争から由来する勝利追求の性格が今日のスポーツに反映されているように、社会構造がスポーツを形成しているという指摘はこれまで多分になされてきている。これらの指摘は、スポーツが社会構造の影響を受けて人間の自由や自己実現に対する逆境として立ちはだかっていることを告発するものである。前節で取り上げたように、これらの指摘は、円谷選手の自殺の原因を自由競争や合理性といった近代の論理がスポーツに内在されている点に帰した中村の主張に代表される。社会の構造が人間をして「人間らしさ」の発揮を困難にさせるものであるならば、それを基盤にして成り立つスポーツはもはや「人間らしさ」を発揮できない文化なのだろうか。

(2) スポーツとのかかわり

しかし、スポーツそのものを「人間らしさ」を否定するような文化としてみなすことには誤解がある。これが誤解であるということは、スポーツの概念を見返してみることで明らかにすることができる。

「スポーツ」と呼ばれるのは、サッカーやバスケットボールのようなスポーツ種目を目に見えるかたちで現象させるシステムに対してである[8]。ルールやスポーツ場面でみられる技術や独特な動き、フェアプレーなどの価値観などがこのシステムに組み込まれ、このシステムが人間の活動の仕方を規定する。人間がこの約束ごとのなかでスポーツを行い、目に見えるかたちでサッカーやバスケットボールとして認識されるのが、現象としての形態をとったスポーツである。このシステムには、スポーツを現象として立ち現れさせること以上の価値や害悪を人間にもたらす機能はそもそも含まれていないのである。

それでもスポーツは、それ自体のなかにそのシステム以上の価値を有しているかのように機能するときもあれば、害悪を人間にもたらしているかのように機能するときもある。美学者・教育学者である樋口聡は、このようなスポーツの現象面における複雑さの原因を「一定の客観的な構造を持ったスポーツへの『人々の関わり方』」[9]に由来するものであると述べている。

　したがって、スポーツが「人間らしさ」を発揮できない文化の様相を呈するのは、人間のスポーツに対するかかわり方やスポーツの利用の仕方に問題があるためである。スポーツおいて人間にかかわる問題が生じるのであれば、スポーツそのもののなかに野蛮性や暴力性などを問うのではなく、それにかかわる人間に対して責任を問うことがひとつの有効な対策となりうる。人間は、「人間らしさ」を妨げられるようなスポーツの状況に対して、完全に受け身であるわけではないのである。

3 ── スポーツとの良好な関係づくりに向けて

1．自らの意志によるスポーツへのかかわり

　スポーツにおいては、個々人の自己実現が重要であり、それが妨げられるところに「人間らしさ」にかかわる問題が生起してくる。では、私たちはどのようにスポーツにかかわっていけばよいのだろうか。

　ドイツの哲学者でありオリンピックのボート競技の金メダリストであるレンク（H. Lenk）は、競技者を機械や人間らしくないものと同一視する競技者批判に対して異議を唱えている。競技者は、達成やパフォーマンスの向上を目指して心身の苦痛をともなうようなトレーニングに自ら献身していく。一見マゾヒズムのような競技者の行動は、スポーツ批判者の目には狂気のようなものに映ったのである。一方でレンクは、将来的な達成やパフォーマンスの向上に動機づけられたトレーニングであれば、競技者はそれを単なる負担をともなう活動として経験しているわけではないと考えている[10]。競技者本人にとって、自己目標の実現のためにあえて心身に負担をかけるようなことは不可解なことではないのである。このようなスポーツとのかかわり方が可能なのは、競技やトレーニングへの献身が競技者の自己決定、つまり競技者自身の自由に依っているためである。スポーツ哲学者である関根正美は、自由な意志に基づいてスポーツへと献身するとき、人はその人自身のあるべき自己や自己理解へと接近することができると述べている[11]。

スポーツに献身する決断をくだす際に個々人の自由が働くように、自己の理想像を素描するときにも個々人の自由が働く。競技者が自分の自由に対して忠実でいられるならば、競技者はプレーやトレーニングを通じて自分の自由や内面をそのまま表現できる。スポーツを行う人々の人格や主体性というものは、それぞれの自己のあり方とそれを方向づける自由が保証されているかどうかにかかっているのである。このことが守られるならば、人間は「私は誰か」「私はスポーツで何を目指しているのか」ということを見失うことなく、スポーツを通じて成し遂げたことや、あるいはスポーツそのものを我がものとして享受することができるのである。

2．選手と指導者の関係性

(1) 指導者による選手の自由の所有

自由な意志と自己実現を目指すことは、人々がスポーツを享受するうえで重要な要素である。しかし、スポーツにおいて自由であること、自己実現を目指すことには困難が立ちはだかる。なぜなら、スポーツにおいて自由であろうとすること、自己を実現しようとすることは、他者との関係のなかで果たされなければならないからである。他者の存在を前提としないようなスポーツは存在しないため、誰でも純粋に自分のことだけを優先するような振る舞いは倫理的に許容されない。また自分の自由や理想のみを追求するような利己的な態度は、他者の自由や理想を犠牲にすることにつながりかねないのである。スポーツとのかかわりの仕方によっては、他者が自分の、あるいは自分が他者の自由や自己実現の障害になることもある。

第1節で取り上げたいくつかの事例は、競技者らが周りの人間から指示やプレッシャーを受け、自分自身のあり方を他者に掌握されてしまっていることを示している。それぞれに個性や願いを有する競技者らは、周りの他者からの支配によって自己を喪失したのである。偽りの自分を装わなければならないような状況は、他者との関係性によって作られるのである[12]。

スポーツにおいて自由であるはずの個々人が、他者からの圧力によって、他者が望むままのあり方に固定化されてしまうことの典型的な例は、第1節で取り扱った円谷選手の件に代表される。これはあまりにも極端な例であるが、自分のあり方を決定する自由が他者によって所有される事態はスポーツにおいて頻繁に起こりうることである。先駆的にスポーツを哲学的探求の対象としたアメリカのスラッシャー（H. S. Slusher）によれば、チームメイト間あるいは指導者との間で、一方が他方の人間を自分にとって都合のよいも

ののように扱うような関係が繰り広げられているのである[3]。

(2) 指導者が抱える葛藤

　指導者は選手との関係のなかで、選手を所有する加害者の側になる可能性に常に付きまとわれている。それは、指導者が選手を指示し、指導し、時には制限する立場にあるからである。指導者が考える最善の指示や戦略をチームに浸透しやすくさせるために、選手に対してもののような従順さを求めたり、無批判的に選手を一定の役割に縛り付けようとする場合、指導者による選手への働きかけは、選手の自由を所有するような支配とほぼ同じものである。選手個々人の主張を抑え、掌握しようとするために、指導者によって暴力や恫喝（どうかつ）が用いられることもある。このような事態は、選手個々人の個性や人格ないし自由を蔑ろ（ないがしろ）にするような態度によって引き起こされるのである。

　選手個々人の自由と自己実現を保証することと、チームへの献身的な態度を選手に要求することとの両立は、指導者にとってひとつの難題である。事実、選手にとってもこのような両立はなかなか困難なものである。しかし、このような難題に直面して指導者がそこで思い悩むことこそ、重要なことである。なぜなら、この難題は、指導者が選手の個性や人格ないし自由を尊重するような態度を備えているからこそ直面するものだからである。そして、そのような態度は選手と指導者の関係のみならず、スポーツにかかわるあらゆる人と人との間で求められる。スポーツにおける選手と指導者、あるいはそのほかの他者との関係においても重要となるのは、他者をひとつの人格として認め、その自由や個性を尊重する態度なのである。

3．スポーツに対するニュートラルな態度

　本章の主題は、人間とスポーツの望ましい関係を批判的に問い続けていくような姿勢を涵養することである。スポーツにおける「人間らしさ」にかかわる諸問題は、スポーツにかかわるあらゆる人々に、そのかかわり方がいかなるかたちであるにしても、このような批判的なものの見方を要請するものであった。スポーツにおける「人間らしさ」の危機というものは、スポーツにおいて他者を指導したり、応援するようなときでさえも生じうることである。特に、個々人の人格や自由を蔑ろにするようなものの見方からそれは生じる。この危機から逃れ出るきっかけは、批判的なものの見方から生まれるのである。

　とはいえ、われわれにはスポーツを通じて自己実現を果たしたり、幸せを

掴んだり、他者と良好な関係を構築する可能性が常に開かれている。われわれはスポーツに対して批判的なものの見方を備えつつも、スポーツの可能性を期待し、その現実化を追求すべきである。そしてその追求のなかにこそ、一種の冷静さが求められるのである。その冷静さとは、スポーツはかかわりようによっては人間の幸せと不幸の表裏をなすものであることを理解するような、ニュートラルな態度である。スポーツの功罪に対するニュートラルな態度を通じて、われわれはスポーツを使いこなし、享受することができるのである。

【引用文献】

1）佐藤臣彦（1998）「人間存在における身体の特異性：体育哲学およびスポーツ哲学からの考察」『身体運動文化研究』第5巻・第1号　p.41
2）中村敏雄（1977）「近代スポーツの論理」影山健・中村敏雄・川口智久・成田十次郎編『現代スポーツ論序説』大修館書店　p.72
3）日刊スポーツ「オウンゴールで故意敗戦指示の教頭を減給」2009年4月22日
　　https://www.nikkansports.com/soccer/news/f-sc-tp0-20090422-486053.html（2017年8月21日閲覧）
4）日本経済新聞「済美・安楽の772球　米国人から見た高校野球（上）」2013年8月2日
　　https://www.nikkei.com/article/DGXZZO57904680Q3A730C1000000/（2017年10月18日閲覧）
5）日刊スポーツ「箱根駅伝5区の距離短縮は低体温症防止などが理由」2016年12月30日
　　https://www.nikkansports.com/sports/athletics/news/1758811.html（2017年10月18日閲覧）
6）セーレン・キェルケゴール（斎藤信治訳）（1939）『死に至る病』岩波書店　pp.22-23
7）テオドール・アドルノ（渡辺祐邦、三原弟平訳）（1996）『プリズメン：文化批評と社会』筑摩書房　p.111
8）佐藤臣彦（1991）「体育とスポーツの概念的区分に関するカテゴリー論的考察」『体育原理研究』第22号　p.8
9）樋口聡（1994）『遊戯する身体：スポーツ美・批評の諸問題』大学教育出版　p.112
10）Hans Lenk（1979）『Social Philosophy of Athletics : A Pluralistic and Practice-Oriented Philosophical Analysis of Top Level Amateur Sport』Stipes Publishing Company pp.94-95
11）関根正美（1999）『スポーツの哲学的研究：ハンス・レンクの達成思想』不昧堂出版　p.116
12）市川浩（1992）『精神としての身体』講談社　pp.100-101
13）Howard S. Slusher（1967）『Man, Sport and Existence: A Critical Analysis』Lea & Febiger　pp.39-40

Column　スポーツで自己を実現するということ

> 人間は一つの無益な受難である
> 　　　　　　　ジャン＝ポール・サルトル（1905～1980）：フランスの哲学者

　サルトル（J. P. Sartre）は、彼の哲学的主著である『存在と無』において、事物とは異なった特殊な存在の仕方をする人間の存在の仕方について精緻に綴りました。「人間は一つの無益な受難である」という言葉は、『存在と無』における締めくくりの言葉です。サルトルによれば、人間とは、あらかじめ定められた生き方が用意された存在ではなく、自分自身で自己のあり方を選択し、自己を実現することを目指しながら生きる存在です。しかし、人間は、自己実現の過程で困難に直面し、仮に自己実現をしたとしても、また自己を作り直すことを強いられます。このことから、サルトルは人間をして受難であると言い表したのです。

　人間が自らを作り上げていくような存在の仕方をするのであれば、人間はスポーツにおいて「人間らしさ」を象徴的に発揮しているといえます。あるスポーツで「上達したい」とか「勝利を勝ち取りたい」と願うのは、「上達した自己」あるいは「勝利した自己」を目指す試みにほかなりません。いずれも自分自身にかかわる未完了な問題を現実化しようとすることです。スポーツで理想を現実化することそれ自体に相当な困難をともなうということは、スポーツを行ってきた人であれば容易に想像できると思います。「上達したい」「勝利を勝ち取りたい」といった理想に至るまでには、厳しい練習やトレーニング、敗北があります。勝者も勝利の座に居座り続けてずっと勝者でいることはできず、再び力を証明することが求められます。競技者たちは辛酸を嘗めるような苦悩にあえて自分自身を投げ出しています。その過程で、苦悩に耐えかねて、本来の自分が理想とすることから目を背けることや、他者から指示されることに甘んじるような態度が生じてきます。本章で取り扱った諸々の問題は、競技者がこうした弱みにつけ込まれたために生じた問題であるように思います。

　サルトルの人間観から、スポーツを通じて自己を実現する過程において人間が苦難に遭遇することを示しました。それでも人々がスポーツに励むことは決して不可解なことではないでしょう。スポーツに対して高い理想を抱いている人は、それだけに自分の理想像に無関心でいることはできず、その現実化へ向けての努力を惜しまないのです。たとえスポーツにおける自己実現に受難が前提とされているとしても「より自分らしく」ということが自分と他者に対して、あるいは競技者を取り巻く人々の間で追求されるならば、スポーツはなお素晴らしいものとなります。

索　引

【あ行】

IOC	110、129
アゴン文化	109
遊び	151
威光模倣	54
イミテーション	56
意味連関	84
因果論的指導観	84
インテグリティ	71
運動	38、39、40
運動感覚	43
運動感覚世界	87
運動ゲシュタルト	42、87
運動実践	38、45、46
運動指導	45、46
運動習得	42、43
運動部活動の指導者	68
運動モルフォロギー	41
エケケイリア	109
オーバーユースの問題	161
面白さの保障	124
オリンピズム	107、108、110
オリンピック	107
オリンピック休戦	111、112
オリンピック憲章	107

【か行】

下位【動作】	43
学習指導要領	21、26
学制	20、63
型	56、135、136
かたどり	57
学校体育指導要綱	22
体	26
技術	135
技術美	134、135、136

教育	18
教育的活動	19
競技者	94、95
競技性	95
競技生活	97
教材	34
競争	33
競争性	15
教養	58、59
近代スポーツの特徴	14
軍人的体育教師	64
経験の絶対化	78
稽古	55
芸術	136、137、138、139、140
芸術性	137
鑑賞的価値をもつ所産	138
芸術的評価	137
芸術美	134
芸道	55
健康日本 21	154
現象学	29、50
現象学的運動学	87
構成的ルール	120
コーチ的体育教師像	65
国際オリンピック委員会	110、129
国連ミレニアム宣言	112
古代オリンピック	109
言葉がけ	88
コミュニケーション	60、146
コミュニティ	145、146、153、156
コミュニティ・スポーツ	148
固有の身体	46
コリジョンルール	125
五輪	113

【さ行】

サッカーくじ	153
三育思想	16

171

三角形的欲望	69
自我理想	81
自然美	134、136
躾	51、135、136
実践の中の知	43、44、46、47
指導言語	74、88
修養的教養	58
生涯学習	155
生涯教育	147、155
生涯スポーツ	147、148、155
城内平和	111
身体	26、28、51、72
新体育	17
身体運動	17
身体活動	17
身体観	28
身体技法	52、54
身体教育	16、20、29、31
身体性	16
身体知	59
身体的共感	88
身体的行為	74
身体の教育	22
身体の相互作用	44、47
身体美	133、134、136
身体文化	51
身体文化教育	54
身体論	72
スポーツ	12、13、15、33、38、39、40、84、96、120、124、136、158
スポーツ愛好者	95
スポーツ運動学	39
スポーツ科学	82
スポーツ環境	150、151、152
スポーツ基本法	39
スポーツ指導	83、89
スポーツ指導者	155
スポーツ少年団	150
スポーツによる教育	22
スポーツの教材化	34
スポーツの語源的解釈と近代的解釈	13、14
スポーツの定義	13
スポーツの消費者	149
スポーツの当事者	149
スポーツの中の教育	22、23
スポーツの4つの構成要素	16
スポーツのルールの特性	119
スポーツバイオメカニクス	39、82
スポーツ美	134、135
スポーツ美学	134
Sport for All	147
スポーツ立国戦略	149
性別確認検査	128
セカンドキャリア	97
専門性	66
総合型地域スポーツクラブ	152
創造活動	138
組織性	15

【た行】

体育	16、17、19、33、38、54、65
体育教師	63
体育教師の専門性	66
体育・スポーツ指導者の身体	72
体育・スポーツ指導者らしさ	73
体育の構成要素	18
体育美学	134
体育理念	22
体操	20
体罰	77
体罰・暴力問題の原因	79
体罰・暴力のメカニズム	80
体錬科	20、64
卓越	98
卓越性	96
チーティング	122
知の生成	44
懲戒	77
テストステロン	128
ドーピング	161
徳	100
トランスジェンダー	129

【な行】

なぞり	57
肉体	28
日常生活での行動美	134
認定ゴール	123

【は行】

発話	73
美	133
美学	134
美的コミュニケーション	139
舞踏美	134
文化的技術	52
兵式体操	20
平和	108
ペナルティ	127
保健体育	21
ほれこみ	80
翻訳	42、43

【ま行】

マナー	53
身	27
ミメーシス	56
みんなのスポーツ	147
模倣	54、56

【や行】

遊戯性	15、95
有徳な活動	100
有徳な競技者	101、102
ユニバーサルスポーツ	35
ヨーロッパみんなのスポーツ憲章	147
4大教師行動	66

【ら行】

ライフステージ	147
ルール	119
ルールの機能の根源	120
ルールのシステム	121
ルールブック	121

【わ行】

技化	59

【人名索引】

アドルノ	165
アリストテレス	100、102、106、141
ヴァイツゼッカー	86
ウィリアムズ	17
ウェンガー	44
カズンズ	17
金子明友	42
嘉納治五郎	113
カント	141
木田元	29、85
キェルケゴール	164
グートマン	14
クーベルタン	107、110
近藤英男	134、140
齋藤孝	59
佐々木健一	139
佐藤臣彦	18、53
サルトル	170
シュミッツ	45
ショーン	44
ジラール	69
ジレ	13
スペンサー	16
スラッシャー	167
世阿弥	62
関根正美	166
ソクラテス	141
高橋建夫	66
滝沢（瀧澤）文雄	41、43、54
竹内敏晴	74
円谷幸吉	159
ディーム	110
デューイ	154、157
ドウォーキン	131
ドゥルー	99
トーマス	101
中井正一	134、144
中村敏雄	160
ニクソン	17
西山松之助	55
野村雅一	54
浜渦辰二	31
樋口聡	15、83、121、136、166
ヒトラー	114
ヒラリー	145
フッサール	30、50
プラトン	141
ブランデージ	115
フロイト	80
ベスト	136
ホイジンガ	119
ポランニー	40
マイネル	39、46
前川峯雄	17
マザー・テレサ	118
マッキーヴァー	145
マッキントッシュ	14
マンデル	96
三浦知良	99、103
ムッソリーニ	113
村田純一	47
メルロ＝ポンティ	72、73、76、91
モース	52、54
守能信次	119
ラッセル	100
レイヴ	44
レンク	166
ワーツ	136
ワイス	96、98

はじめて学ぶ体育・スポーツ哲学

2018 年 4 月 1 日 初版第 1 刷発行
2021 年 3 月 1 日 初版第 4 刷発行

編 著 者	髙橋　徹
発 行 者	竹鼻　均之
発 行 所	株式会社 みらい
	〒500-8137　岐阜市東興町40　第 5 澤田ビル
	TEL　058-247-1227（代）
	FAX　058-247-1218
	http：//www.mirai-inc.jp/
印刷・製本	サンメッセ株式会社

ISBN978-4-86015-431-8　C3037
Printed in Japan　　　　乱丁本・落丁本はお取り替え致します。